Jacques **Lalanne**

Préface d'Yvon **Dallaire**

Chéri(e), il faut qu'on se parle franchement

Une seule lettre sépare disputer de discuter

jouvence
ÉDITIONS

Dans la même collection aux Éditions Jouvence

Zéro déchet, zéro gaspi, Lisa Masset

Psychothérapie : l'approche brève orientée solutions, Yves Gros-Louis

Science, méditation et pleine conscience, Olivier Raurich

Le Grand manuel des fleurs de Bach, Dr Richard Sprigg

Équilibre et méditation par les plantes, Claire Tiberghien

Par Don d'Amour, Dr Leonard Laskow

Cuisine-thérapie : dis-moi comment tu cuisines et je te dirai qui tu es, Emmanuelle Turquet

Invitation à la méditation, Jacques Choque

De quels systèmes relationnels êtes-vous prisonnier ?, Colette Portelance

Guérir par l'Amour, Dr Leonard Laskow

Catalogue gratuit sur simple demande

Éditions Jouvence
France : BP 90107 – 74161 Saint-Julien-en-Genevois Cedex
Suisse : Route de Florissant, 97 – 1206 Genève
Site Internet : www.editions-jouvence.com
E-mail : info@editions-jouvence.com

ISBN : 978-2-88911-960-8

Maquette et réalisation de couverture : Charlotte Thomas
Crédits Photos / Adobe Stock : © VadimGuzhva, illustrations : © freepik

Maquette intérieure et mise en pages : Frank Pitel [grad-design.fr]
Crédits Photos / Adobe Stock : © jandruk, © rocketclips, © aletia2011, © Viacheslav Iakobchuk, © ivanko80, © vectorfusionart, © olly, © Boggy, © WavebreakMediaMicro, © pathdoc, © Monkey Business, © contrastwerkstatt, © JackF, © auremar, © DDRockstar, © Tom Wang, © John Blake, © klublu, © goodluz, © LIGHTFIELD STUDIOS, © Mediteraneo, © ashtproductions, © Antonioguillem, © rodjulian, © wavebreak3, © Prostock-studio, © contrastwerkstatt, © UBER IMAGES, © Maridav, © Photographee.eu, © Spectral-Design, © micromonkey, © Drobot Dean, © deagreez, © gstockstudio, © Marko, © arthurhidden
illustrations : © freepik

À Mona
« On ne se parle pas ! »

Reconnaissance à
George Bach et Thomas Gordon
« Pour créer la paix dans le monde,
commençons par la créer
entre ceux qui s'aiment ! »

Remerciements sincères
à toutes celles et tous ceux qui m'ont
confié ce qu'ils et elles ont de plus
précieux : leur amour.

TABLE DES MATIÈRES

PRÉFACE

Les couples heureux à long terme sont ceux qui se mettent d'accord pour vivre avec des désaccords là où les couples malheureux cherchent continuellement à établir un consensus et à convaincre l'autre que :

J'ai raison et tu as tort de :

- vouloir éduquer les enfants comme ça ;
- gérer l'argent de cette manière ;
- nous imposer ta famille et tes amis ;
- ne pas faire ta part de ménage ;
- ramener du travail à la maison ;
- ne penser qu'au sexe (ou de ne jamais y penser) ;
- etc., etc., etc.

Il n'y a qu'une petite lettre qui différencie « discuter » et « disputer ». Les couples heureux négocient des ententes gagnant-gagnant sur des problèmes la plupart du temps insolubles. Ils gèrent les problèmes plutôt que de chercher à les résoudre.

Et c'est ce que Jacques Lalanne tente brillamment de démontrer dans ce livre rempli de conseils concrets basés sur une expérience de plus de quarante ans en communication efficace.

On ne peut pas éviter les confrontations lorsqu'on vit en couple. Mais on peut éviter de transformer ces confrontations en affrontements qui hypothèquent l'amour. Les nombreux conseils et stratégies décrits dans ce livre visent à éviter le désamour résultant de toutes ces « choses à ne pas faire » et que les couples malheureux ou qui finissent par divorcer font sans cesse.

Pour vous aider, l'auteur présente de nombreuses « choses à faire » pour augmenter votre capital affectif et ainsi conserver votre banque d'amour toujours au positif et jamais « dans le rouge ».

Les couples heureux s'adressent cinq fois plus de compliments que de reproches, et jamais de critiques. Et, contrairement à la croyance populaire, ils se confrontent aussi, mais ils contrôlent l'escalade et ne dépassent pas une certaine intensité dans la confrontation. C'est la façon de se confronter qui conditionne la réussite d'un couple.

Jacques Lalanne apprend aux hommes et aux femmes à se confronter « intelligemment » pour éviter les « quatre cavaliers de l'Apocalypse » : critique, défensive, mépris et fuite. Ils évitent ainsi que s'installe définitivement entre eux une distance émotionnelle qui risque de devenir insurmontable avec le temps.

En un mot, Jacques apprend aux femmes et aux hommes à « dé samorcer ».Les couples heureux arrivent même à avoir du plaisir à se confronter, sans s'affronter. Ils savent par expérience qu'ainsi ils se connaîtront mieux l'un l'autre et qu'ils satisferont au mieux leurs besoins en tenant compte des sensibilités de chacun.

Yvon Dallaire,
Psychologue et auteur
http://yvondallaire.com

LIRE SEUL(E) ET EN PARLER À DEUX

La vie de couple reste l'expérience qui apporte le plus de bonheurs et de malheurs dans la vie. Nous abordons la vie à deux avec comme seule éducation l'exemple de nos parents, que nous avons pu observer pendant une vingtaine d'années. Par imitation, nous avons adopté certains comportements plus ou moins efficaces selon le cas. En fonction de la culture où nous avons grandi, nous avons appris, par ordre de fréquence, à taire nos insatisfactions, à en parler autour de nous, mais pas à la personne concernée, à accuser l'autre, à crier nos frustrations ou à négocier une entente mutuellement satisfaisante.

Les approches efficaces restent moins pratiquées, hélas ! Ce qui explique que de nombreux couples se séparent sans s'être confrontés, c'est-à-dire sans avoir exprimé franchement leurs points de vue, évalué les avantages et les inconvénients de diverses options et choisi ensemble la meilleure solution pour l'un, pour l'autre et pour la vitalité du couple.

Cet ouvrage est un manuel utile aux débutants comme aux gens d'expérience.

Dans la première partie, vous trouverez une explication sur les différentes façons de traiter les différends, désaccords, conflits, etc. et leurs conséquences à court et à long terme sur la vie du couple. Ces propos renversent plusieurs mythes, comme « Ne pas discuter devant les enfants » ou « L'absence de disputes est signe que tout va bien ! ».

Dans la deuxième partie, vous apprendrez les règles essentielles à respecter pour engager une confrontation constructive. Comme tout sport, la confrontation a ses règles, qui lui permettent de rester dans un cadre civilisé, courtois et efficace. Vous identifierez des habitudes inefficaces que nous avons cultivées – comme décider seul de la meilleure solution à un problème, tenter de l'imposer à l'autre par des arguments, des sermons ou des questions, etc. – et découvrirez des méthodes plus efficaces, plus détendues et plus chaleureuses. En apprenant à distinguer clairement l'étape où on s'applique à se comprendre de celle où on s'active à s'entendre sur une solution, déjà vous progresserez.

Dans la troisième partie, vous vous familiariserez avec des jeux de communication qui vous permettront de mieux vous connaître. Comme médiateur et conseiller en communication, j'en sais souvent plus sur un couple après une heure d'entretien avec chacun que les conjoints eux-mêmes. Vous pourrez pratiquer certains « jeux » que nous utilisons dans nos formations pour refaire connaissance en couple. Vous pourrez employer ces exercices au jour le jour, car ils sont conçus pour vous permettre de mieux vous comprendre et de vous rapprocher.

Dans la quatrième partie, vous assisterez en direct à des confrontations dans lesquelles j'ai guidé des couples pour qu'ils s'expliquent, pour qu'ils se comprennent et pour qu'ils règlent des situations souvent délicates. Au-delà de l'histoire des différents couples, qui peuvent vivre des situations semblables ou différentes des vôtres, vous pourrez observer la façon dont ils discutent. Vous remarquerez que je les guide : comme un coach, je leur donne des indications précises sur les choses à éviter et les choses à faire pour communiquer efficacement. Chaque situation présente un enjeu particulier et met en scène des personnes qui ont chacune son caractère et ses procédés habituels. Vous trouverez quelquefois des ressemblances avec vos manières d'agir. Au début de chaque dialogue, je fais une description de la conversation et des enjeux que les partenaires y traitent. Vous verrez alors l'utilité de chacun pour vous-même. La valeur de ces entretiens réside notamment dans ces conseils, simples, clairs et directs, que vous pourrez appliquer avec l'être que vous aimez.

Cet ouvrage, d'abord destiné aux couples, se révèle très utile pour les professionnels qui guident des couples vers une meilleure compréhension et de judicieuses décisions. Il sert de manuel lors de formations et de consultations. Les « confrontations guidées », comme les médiations enregistrées, servent de base aux supervisions.

Pour plus d'information sur nos formations et consultations, voir : *www.developpement-humain.com*

BONNE LECTURE

Vous pouvez lire ce livre de la première à la dernière page : vous découvrirez ainsi les observations que nous avons faites auprès des couples, les procédés à mettre en œuvre pour se confronter de façon constructive, des jeux pour mieux se connaître et des exemples de dialogues en situation réelle avec l'aide du conseiller en communication. Vous pouvez aussi aller directement à la dernière partie si vous préférez comprendre à l'aide d'exemples vécus, à la troisième si vous voulez expérimenter dès maintenant des jeux ou exercices pour mieux communiquer en couple, ou sauter à la deuxième partie pour apprendre concrètement comment aborder votre conjoint sur un sujet délicat.

Le style « mode d'emploi »

Dans ce livre, comme dans mes autres ouvrages récents, j'emploie le style « mode d'emploi ».
Le style « mode d'emploi » vise à rendre la lecture facile, rapide, efficace.
Il fournit au lecteur le plus d'informations possible avec le moins de mots possible.
Il repose sur l'utilisation d'énumérations, de listes, de tableaux, de colonnes et utilise des chiffres et des puces :

- Information importante
- Choses à ne pas faire
- Choses à faire
- Choses à vérifier
- Choses à choisir
- Choses à faire dans un ordre précis : 1., 2., 3., etc.

Italique : explications sur les raisons d'agir de telle façon.

Masculin, féminin

L'approche présentée convient tout autant aux hommes qu'aux femmes.

1

Pourquoi se confronter

LES CONJOINTS SE CONNAISSENT PEU

Même après des années de vie commune, les conjoints savent très peu ce que vit leur partenaire.

En faisant des entrevues séparées, on découvre que les femmes autant que les hommes se trompent souvent sur les sentiments et les pensées véritables de leur conjoint.

Exemples

Elle	Lui
« Quand quelque chose le contrarie, il pardonne et oublie très facilement. »	*« Quand je suis frustré, je fais de grands efforts pour me maîtriser ; j'ai peur que ma femme ne me rejette si je parle un peu fort. »*
« Je ne veux pas être celle qui se plaint. Alors je ne fais aucun reproche. »	*« Elle me démontre de la confiance quand elle me demande de changer quelque chose pour lui plaire. »*
« Depuis que notre fils s'est fait tuer dans un accident, il ne me parle plus. Je crois qu'il me rend responsable de sa mort. »	*« Je ne me sens pas capable de parler de la mort de notre fils. Je crains de fondre en larmes. Je crains qu'elle ne me trouve faible devant l'adversité. »*

Exemples

Elle	Lui
« Je crois qu'il fait de gros efforts pour ne pas faire de vagues. Il ne critique jamais rien. »	« Je l'adore. Je l'apprécie à tous les points de vue. Une seule chose me dérangeait et je la lui ai dite. »
« Je crois qu'il ne veut pas d'autre enfant parce qu'il n'a pas assez de temps pour s'en occuper. »	« Je crois qu'elle ne veut pas d'autre enfant parce qu'elle n'a pas la patience. »
« Il ne m'a pas présentée à son ami. Il a honte de moi, parce que je n'ai pas de grands diplômes comme eux. »	« Je ne l'ai pas présentée à ce collègue que j'ai rencontré par hasard. Ce n'est pas un proche. Et nous ne le reverrons sans doute jamais. »
« Il n'a pas assisté à mon accouchement. »	« Tu m'avais dit : "C'est une affaire entre mon médecin et moi. Tu n'as rien à faire là." »

FICHE #1 • PASSER DE LA RÈGLE D'OR À LA RÈGLE DE PLATINE

La règle de fer

Rares sont les conjoints qui aujourd'hui appliquent la « règle de fer » :

« Fais ce que tu veux. À l'autre de s'adapter. »

Car ni les hommes ni les femmes n'acceptent ce style dictatorial.

La règle d'or

La plupart des conjoints, bien intentionnés, pratiquent la « règle d'or » :

« Ne fais pas à l'autre ce que tu ne voudrais pas que l'autre te fasse », ou, formulée positivement :
« Fais à l'autre ce que tu voudrais que l'autre te fasse. »

C'est un progrès : en l'appliquant, je n'insulte pas l'autre si je ne veux pas que l'autre m'insulte, je ne le dénigre pas devant les gens parce que je n'aimerais pas qu'il me fasse la même chose, je fais ma part dans la maison et avec les enfants puisque je n'aimerais pas m'occuper de ça tout seul.

Hélas, avec cette règle, on se retrouve dans une impasse.
Chacun traite l'autre comme lui-même aimerait être traité.
Chacun caresse l'autre comme lui-même aimerait être caressé.

La règle de platine

Les conjoints peuvent parvenir à un plus haut niveau de satisfaction mutuelle en appliquant la « règle de platine » :

« Traite l'autre comme l'autre aimerait que tu le traites. »

Ainsi :

Je prévois du temps pour que tu puisses faire ce qui est important pour toi.
Je tiens compte de ce qui t'inquiète, même si ça ne m'inquiète pas.
Je te caresse comme tu aimes être caressé(e).

Pour parvenir à ce niveau de plaisir, de contentement, de bonheur et d'harmonie, nous gagnons à :

Nous connaître en profondeur et en détail.
Nous donner plusieurs années pour parvenir à nous mettre sur une même longueur d'onde.

FICHE #2 • NOUS AVONS UNE VISION IDÉALISÉE DE LA VIE À DEUX

Hommes et femmes, nous croyons que :

L'amour permet d'accepter l'autre, ses qualités et ses défauts.
Une relation intime se développe toute seule comme une fleur.
L'amour est incompatible avec la confrontation.

Hommes et femmes, nous croyons qu'il vaut mieux :

Nous persuader que la personne de nos rêves est parfaite.
Ne voir que ses bons côtés.
Fermer les yeux sur les différences.
Accepter inconditionnellement l'élu(e) de son cœur.
Éviter toute confrontation pour réussir la séduction.
Éviter tout différend pour préserver le romantisme.

Nous considérons comme des signes de maturité de :

Ne jamais dire un mot plus haut que l'autre !
Ne PAS se fâcher !
Ne jamais se disputer !

Nous avons appris à craindre et à éviter toute confrontation :

« Sois gentil ! »
« Calme-toi ! »
« Baisse le ton ! »
« Sois raisonnable ! »
« Comporte-toi en adulte ! »

Nous craignons :

D'élever la voix.
D'être troublés par nos émotions.
De pleurer ou de voir l'autre pleurer.
Et peut-être de nous séparer.

FICHE #3 • LORSQUE LES COUPLES SONT EN DÉSACCORD

80 % évitent la confrontation.

Ils craignent qu'elle n'empire leur relation.
Ils donnent diverses raisons :
« Ça me stresse trop de me quereller ! »
« Je ne veux pas être celle qui se plaint ! »
« Je suis mal à l'aise quand elle élève la voix ! »
« Je suis pour la paix et la bonne entente ! »
« Se disputer n'a jamais rien donné de bon ! »

15 % se disputent.

Ils se critiquent, se font des reproches, s'insultent parfois et même se menacent.
Ils constatent que ça ne règle rien et que ça tend encore davantage leur relation.

5 % se confrontent de façon constructive et régulière.

Ils font le point souvent pour savoir ce qui plaît et déplaît à l'un et à l'autre.
Ils trouvent des moyens pour augmenter leur bon temps ensemble.
Ils font face aux différends avec confiance et efficacité.
« Nous avons de nombreuses controverses ; nous en parlons. »
« Une bonne discussion nous rapproche et nous fait découvrir un côté de l'autre que nous ne connaissions pas. »

FICHE #4 • LA PLUPART DES COUPLES ÉVITENT LA CONFRONTATION

Les couples utilisent plusieurs stratégies pour éviter une confrontation :

- Garder le silence.
- Échanger des banalités.
  Exemple
  Moi : Ta journée s'est bien passée, chérie ?
  Toi : Oui. Et toi ?
  Moi : Comme d'habitude.
  Toi : Qu'est-ce que tu aimerais manger ?
  Moi : Ce que tu voudras, chérie.
  Toi : Tu veux faire quelque chose ce soir ?
  Moi : Je ne sais pas trop… Et toi ?
- Répondre vaguement.
  « Je n'ai rien. »
  « N'interprète pas tous mes gestes. Parfois ils ne veulent rien dire. »
  « Tout va bien. Ne cherche pas des problèmes où il n'y en a pas. »

FICHE #5 • LES CONJOINTS NE S'ADAPTENT PAS, ILS « S'ACCOMMODENT »

Pour ne pas faire de vagues, ne pas créer de malaise pour nous ou pour l'autre :

Nous minimisons notre insatisfaction.
Nous acceptons ce qui nous incommode.
Nous répondons « Non, ça va. Je suis juste un peu fatigué(e) » quand notre conjoint nous demande : « Quelque chose ne va pas ? »
Et le malaise persiste.
Nous ne disons rien, et notre langage corporel révèle notre sentiment.

Nous nous parlons sans exprimer nos véritables sentiments.
Exemple
Toi : Je pensais prendre un week-end entre filles cette semaine.
Moi : Comme tu voudras.
Et je pense :

« Pourtant nous avions dit que nous irions observer les oiseaux migrateurs et c'est maintenant la haute saison. »
« Le week-end arrive, c'est un temps merveilleux pour voir les oies blanches et les bernaches migrer... et la semaine prochaine elles seront reparties vers le nord. »
« J'espérais que tu te souvenais de ce dont nous étions convenus ; nous en avions parlé il y a quelques jours. »

S'accommoder, c'est accepter ce qui nous insatisfait.
Garder nos sentiments pour nous par crainte de déplaire.
Faire semblant que tout va bien.

FICHE #6 • LES CONJOINTS UTILISENT DES STRATÉGIES INDIRECTES

À défaut de confrontation franche et directe, les conjoints cherchent à obtenir satisfaction par des moyens indirects et malsains :

La devinette : s'attendre à ce que l'autre devine ce que j'aimerais. Croire que « Si tu m'aimes, tu devineras ce que je ressens ».
L'insinuation : demander quelque chose par sous-entendus.
La preuve : exiger de l'autre des « preuves » d'amour.
La manipulation : faire faire à l'autre ce que je veux malgré lui.
L'exigence : obliger l'autre à se comporter de façon « gentille ».

Deviner, le jeu romantique

Romantiques, nous aimons croire que nous nous comprenons sans nous expliquer... puisque nous nous aimons !
Nous espérons que l'autre devine nos pensées, nos sentiments les plus intimes.
Nous craignons de dire en parlant franchement quelque chose qui pourrait éloigner l'autre.

Par crainte des réactions de l'autre :

Nous faisons preuve de « tact » : nous gardons pour nous nos désirs, nos aspirations, nos insatisfactions, nos frustrations.
Nous espérons que notre partenaire nous comprenne.
Ce jeu de devinettes crée des malentendus et engendre plus de différends.

Les couples recourent à des procédés détournés.

Excuse : donner une fausse raison pour refuser quelque chose.

Exemple

Éviter les relations sexuelles parce que « les enfants entendraient ».

Prétextes : fonder nos décisions sur des motifs inopportuns.

Exemple

Ne pas faire une pause ou même ne pas divorcer « pour les enfants ».

Déplacements : transposer un conflit dans une autre situation.

Exemples

Refuser de faire l'amour quand nous n'avons pas apprécié un retard à un rendez-vous ou une blague faite devant des amis.

Punir l'enfant préféré de l'autre quand notre conjoint n'a pas validé le lieu de vacances que nous avions choisi ?

Refuser d'accompagner l'autre à un événement important quand nous avons reçu un cadeau insignifiant à notre anniversaire.

Les couples violents :

Fuient les conflits, craignent toute manifestation de désaccord.

Ont des attentes non manifestées, ne se communiquent pas leurs insatisfactions et déceptions.

Se « réconcilient » sans vraiment régler leurs différends, sans changer leurs comportements.

Font l'amour pour dissimuler leur ressentiment.

Adoptent des rôles fixes, l'un dominateur avec des exigences insatiables et l'autre passif avec un renoncement exagéré.

Les passifs sont plus souvent violents que les dominateurs.

FICHE #7 • ESQUIVER, S'ACCROCHER, SE DISPUTER NE RÈGLENT RIEN

Esquiver, s'accrocher, se disputer font à peine mieux que l'évitement. Ils soulèvent le sujet d'insatisfaction sans le mener jusqu'à une entente.

Esquiver consiste à :

Détourner l'attention sur un sujet peu important lorsque l'autre exprime une insatisfaction.

« Les enfants sont là ! »

« Restons polis devant nos amis ! »

« Ne discutons pas en voiture : nous risquons un accident ! »

« Pas au moment de nous coucher, ça la refroidirait ! »

S'accrocher consiste à :

Exprimer une insatisfaction, puis laisser le sujet en suspens.

Mettre abruptement fin à la conversation, par exemple :

- passer la porte ;
- raccrocher le téléphone ;
- allumer le téléviseur et s'absorber dans une émission ;
- adresser la parole à d'autres personnes.

Aborder un faux sujet pour irriter l'autre.

Aborder un sujet puis le laisser en plan et clore sans conclure.

Mettre fin à la conversation à peine amorcée.

Se disputer consiste à :

Exprimer son insatisfaction de façon agressive ou grincheuse.
S'adresser des reproches, insultes ou sarcasmes.
Attaquer de plus en plus durement pour déstabiliser l'autre.
Discréditer l'autre pour gagner le procès qu'on lui intente.
Avec ou sans la présence d'amis comme juges.
Sans progresser vers des solutions.

À ce jeu malsain :

Les extravertis se spécialisent en attaque.
Les introvertis se spécialisent en défense.

FICHE #8 • ÉVITER, ESQUIVER, S'ACCROCHER, SE DISPUTER ENVENIMENT LA RELATION

Durée du jeu

Une esquive dure trente secondes.
Un accrochage dure quelques minutes.
Une dispute dure de quelques minutes à quelques heures.

Après...	Éviter	Esquiver	S'accrocher	Se disputer
Insatisfaction	Inconnue	Peu connue	Peu connue	Connue
Problème	Inconnu	Inconnu	Non résolu	Non résolu
Sentiment	Anxiété	Inquiétude	Crainte	Peur
Relation	Tendue	Crispée	Irritée	Éloignée

Gagner à court terme fait perdre à long terme.

Dans une dispute, il y a un gagnant et un perdant et souvent deux perdants.
Les conjoints deviennent des adversaires et parfois même des ennemis.

Le perdant

Se prépare pour gagner et faire perdre l'autre la prochaine fois.
N'aborde plus les problèmes franchement.
Tente de régler les différends de façon détournée.
Se décourage : ne croit plus à la réussite du couple.

Le stress des frustrations accumulées

Quand nous nous accrochons ou nous nous disputons, nous nous blessons, et souvent nous nous quittons dans les coups ou les cris. C'est l'explosion.

Quand nous évitons ou esquivons, nous endurons, nous nous éloignons dans le silence, la distance, et souvent nous nous quittons dans l'indifférence : la personne qui a le plus enduré quitte. C'est l'implosion.

FICHE #9 • ATTENTION À L'IMPLOSION !

Nous craignons beaucoup l'explosion, les hauts cris.
Fuir toute confrontation peut conduire à l'implosion,
plus insidieuse et plus fréquente.

Nous préférons souvent la rupture à la confrontation.

Nous trouvons plus difficile de nous parler franchement que de nous quitter.
Nous trouvons trop ardu de cultiver une relation authentique, d'exprimer notre affection et nos frustrations, de développer notre compréhension mutuelle pour approfondir notre amour.

Exemple d'implosion

Céline quitte Bertrand sans bruit.

Ensemble depuis vingt ans, Céline et Bertrand « avaient tout pour être heureux ». Aux yeux de tous, leur couple semblait une réussite.
Bertrand, directeur de production, gagnait bien sa vie. Il faisait du sport, été comme hiver, pour garder la forme et avait même du temps à consacrer comme bénévole à titre de président du conseil d'administration d'Entrepreneurs en herbe.
Céline, courtier immobilier, avait deux années de suite gagné la médaille de « meilleur vendeur de l'année ». Elle était reconnue comme une dame de grande classe et participait à de nombreuses activités sociales.
Tous deux étaient très appréciés pour leur conversation et leur entregent.
Pourtant, à la maison, Céline parlait peu. Elle se disait d'accord sur tout.
Peu de temps après le départ de leur deuxième fils pour l'université, pendant que son mari était au travail, Céline boucla sa valise et quitta la maison sans laisser un mot.
Bertrand apprit par la médiatrice que sa femme ne reviendrait plus.
Comme d'habitude, elle avait préféré éviter toute discussion à ce sujet. Bertrand crut d'abord que ce n'était qu'une crise passagère. Comme elle ne lui donnait aucun signe de vie, il en fut profondément affecté.

LES CONFRONTATIONS SONT NÉCESSAIRES

Dans la vie de couple, les différends sont inévitables, parce que...

Nous avons chacun :

Notre éducation.
Notre culture.
Notre expérience.
Nos croyances.
Nos habitudes.

Exemple

La confrontation à propos du lieu de vacances.
« La montagne est plus vivifiante. »
« La plage est plus reposante. »

La vie d'un couple change, par exemple quand :

Nous déménageons.
Nous avons un enfant.
Nos enfants quittent la maison.
Nous prenons notre retraite.

Nous devons alors nous adapter à la situation et l'un à l'autre.

Les confrontations sont nécessaires pour :

Comprendre nos préférences.
Préciser nos différences.
Nous adapter l'un à l'autre.

FICHE #10 • UN COUPLE EST FORMÉ DE PERSONNES DIFFÉRENTES

Un couple réunit des personnes différentes :

○	Un(e) auditif(ve)	et	○	Un(e) visuel(le)
○	Un(e) introverti(e)	et	○	Un(e) extraverti(e)
○	Un(e) réfléchi(e)	et	○	Un(e) spontané(e)
○	Un(e) déductif(ve)	et	○	Un(e) intuitif(ve)
○	Un(e) discret(ète)	et	○	Un(e) expressif(ve)
○	Un(e) réservé(e)	et	○	Un(e) sociable
○	Un(e) théorique	et	○	Un(e) pratique
○	Un(e) analytique	et	○	Un(e) synthétique
○	Un(e) minutieux(se)	et	○	Un(e) global(e)
○	Un(e) abstrait(e)	et	○	Un(e) concret(ète)
○	Un(e) rationnel(le)	et	○	Un(e) sentimental(e)
○	Un(e) objectif(ve)	et	○	Un(e) sympathique
○	Un(e) logique	et	○	Un(e) affectif(ve)
○	Un(e) structuré(e)	et	○	Un(e) spontané(e)
○	Un(e) organisé(e)	et	○	Un(e) flexible
○	Un(e) conservateur(trice)	et	○	Un(e) innovateur(trice)
○	Un(e) autoritaire	et	○	Un(e) permissif(ve)
○	Un(e) rectiligne	et	○	Un(e) rond(e)
○	Un(e) élancé(e)	et	○	Un(e) condensé(e)

Les différences engendrent des différends.

Nous remarquons facilement ces différences physiques, psychologiques et sociales.

Pour vivre ensemble, nous nous adaptons l'un à l'autre.

Cet effort de nous adapter l'un à l'autre soulève un différend.

FICHE #11 • MALENTENDUS ENTRE INTROVERTIS ET EXTRAVERTIS

Un introverti se met généralement en couple avec un extraverti, et inversement bien sûr !

> Si je suis extraverti(e), j'interprète les gestes de l'autre comme si je les avais faits.
> Si je suis introverti(e), j'interprète les paroles de l'autre comme si je les avais prononcées.

Nous avons alors un malentendu.

Exemple :

> L'introverti se retire pour réfléchir et voir clair dans la situation.
> L'extravertie pense : « Il me boude », « Il me fuit », « Il est indifférent ».
> L'extravertie dit sans retenue tout ce qui lui passe par la tête.
> L'introverti pense : « Elle ne veut plus de moi », « Elle ne m'aime plus », « Elle me rejette ».

Introverti(e)

- ○ *Silence*
- ○ *Repli*
- ○ *Isolement*
- ○ *Mutisme*
- ○ *Observation*
- ○ *Sarcasme*
- ○ *Pause*
- ○ *Réflexion*
- ○ *Déception*
- ○ *Confusion*
- ○ *Découragement*
- ○ *Attente du silence*
- ○ *Chaque mot est important*

Extraverti(e)

- ○ *Cri*
- ○ *Affrontement*
- ○ *Poursuite*
- ○ *Pleurs*
- ○ *Questionnement*
- ○ *Insulte*
- ○ *Attaque*
- ○ *Impatience*
- ○ *Contrariété*
- ○ *Frustration*
- ○ *Rage*
- ○ *Couper la parole*
- ○ *Chaque geste est important*

FICHE #12 • LA RÉALITÉ DE LA VIE DE COUPLE

Nos observations et les découvertes de la psychologie humaniste moderne démontrent que les conjoints qui vivent une relation épanouissante :

Ont inévitablement des différends.
Expriment leur appréciation et leur insatisfaction de façon naturelle.
Ont des confrontations constructives.
Se sentent plus proches après une confrontation.
Pratiquent la négociation.
Éprouvent un niveau d'acceptation élevé mais non illimité.
Préfèrent une communication authentique et évolutive.
Se parlent franchement.
Expriment librement leur tendresse autant que leur frustration.
Aiment faire plaisir à leur partenaire et répondre à ses attentes.
Préfèrent des amis qui se confrontent.
Croient qu'« une bonne confrontation par jour garde un couple en bonne santé ».

FICHE #13 • EN COUPLE, L'ACCEPTATION EST CONDITIONNELLE

L'expression « acceptation inconditionnelle » vient de la psychothérapie.
Le thérapeute doit accepter son client tel qu'il est s'il veut l'aider à se comprendre.
Dans la vie à deux, une relation épanouissante repose sur l'authenticité et la cohérence.

Nous exigeons alors : « Si tu m'aimes, tu dois me prendre comme je suis. »

Les chansons romantiques cultivent ce rêve :

« Si tu m'aimes, tu viendras me chercher où je suis. »
« Si tu m'aimes, tu dois me prendre comme je suis. »
« Si ça ne te va pas, tu t'en vas, c'est comme ça ! »

Plusieurs hommes et femmes adoptent cette devise.

« Je ne veux changer personne. »
« Je ne veux pas changer pour personne. »

NE PAS confondre :

Vouloir changer l'identité profonde d'une personne, la mienne ou celle de l'autre, et...
Demander ou offrir à l'autre de changer une habitude, une façon de faire pour lui convenir mieux, pour lui plaire.

NE PAS changer la personne, changer des façons de faire.

Préciser :

« Ce que je ne veux pas changer. »
« Ce que je suis disposé à changer. »
« Ce que j'aimerais que l'autre change. »
« Ce que je ne demanderais pas à l'autre de changer. »

En général, les conjoints...

... respectent entièrement et ne tenteraient pas de changer :

- leurs aspirations profondes : mission de vie, carrière, désir d'enfants, etc. ;
- leurs croyances, leurs valeurs, leurs convictions, etc. ;
- leurs besoins personnels pour mener une vie équilibrée : loisirs, détente, création, etc.

Sont disposés à changer et demanderaient à leur conjoint de changer :

- de simples habitudes :
  - appeler s'il est retardé,
  - ranger ses affaires dans le salon,
  - s'intéresser aux projets des enfants,
  - accompagner l'autre à la réunion de parents,
  - etc. ;
- de petites attentions :
  - récupérer ses cheveux dans la baignoire,
  - laisser le réservoir de la voiture plutôt plein,
  - choisir les marques préférées de l'autre quand il fait des courses,
  - dire bonjour aux amis de l'autre avant de se retirer,
  - etc.

Vraie et fausse acceptations

Distinguer :

Les comportements de mon conjoint que j'accepte vraiment.
Ceux que je fais semblant d'accepter pour l'amadouer.

La vraie et la fausse acceptations se voient, s'entendent, se sentent : le langage corporel montre si j'accepte vraiment ou non.
Une simple confrontation permet de mettre les choses au clair :

« Tu joues avec les enfants, mais tu n'as pas l'air très motivé. »	*« J'ai des problèmes urgents à régler et qui me trottent dans la tête. »*
« Tu ne sembles pas avoir vraiment envie d'un câlin. Est-ce que je me trompe ? »	*« Ma mère vit ses derniers jours, peut-être ses dernières heures. Je m'attends à recevoir un appel d'un moment à l'autre. »*
« Tu as encore oublié de me rapporter mon costume. »	*« Oui, c'est vrai... Et puis je ne suis pas convaincu que tu doives porter ce costume pour cette remise de prix ! »*

Nous gagnons à :

Connaître et respecter chacun notre seuil d'acceptation.
Demander à notre partenaire de le respecter.
Accepter ce que nous pouvons véritablement accepter.
Changer ce que nous ne pouvons pas accepter.
Exprimer franchement notre appréciation de ce qui nous plaît.
Exprimer tout aussi clairement ce qui nous déplaît.
Comprendre et respecter le seuil d'acceptation de l'autre.
Trouver ensemble des façons de vivre en tenant compte des préférences et des besoins de l'un et de l'autre.

LES CONFRONTATIONS RAPPROCHENT

Les gens qui vivent en couple ont une longévité supérieure de cinq ans à celle des gens qui vivent seuls.

Les couples qui vivent heureux longtemps ensemble :

Ont une relation d'égal à égal.
Ont autant d'influence l'un que l'autre.

Les couples qui se confrontent régulièrement :

Développent des attentes plus réalistes.
Trouvent ensemble des solutions satisfaisantes.
Liquident leurs tensions et frustrations au fur et à mesure.
S'adaptent mieux aux changements et aux transitions.
Deviennent efficaces et inventifs pour régler les problèmes.
Se sentent libres d'être eux-mêmes.
Vivent à la fois proches et autonomes.
Approfondissent leur relation.
Éprouvent peu de stress.
Ont des relations plus agréables avec leurs enfants.
Améliorent leur vie sexuelle.
Consolident leur amour.
Restent ensemble.
Vivent plus longtemps.

Les clés

Exprimer son appréciation.
Exprimer ses insatisfactions.
Expliquer ses préoccupations.
Trouver des solutions ensemble.
Tenir à l'essentiel, adapter l'accessoire.

FICHE #14 • DÉVELOPPER L'INTIMITÉ

Une relation intime rend la vie de couple attachante, captivante : nous nous découvrons sans cesse.
Nous découvrons une variété de façons de nous adapter l'un à l'autre.
Nous inventons et enrichissons notre vie à deux.

Distinguer intimité, familiarité et sexualité

Intimité : relation où nous partageons ce que nous vivons intérieurement.
Synonyme : authenticité.
Familiarité : relation où nous connaissons précisément les préférences de l'autre.
Sexualité : relation où nous partageons les plaisirs corporels.

Pour développer une véritable intimité

Nous préoccuper de ce que l'autre pense, ressent et désire.
Exprimer nos satisfactions et nos insatisfactions, nos préférences et nos désirs.
Engager une confrontation proportionnée à l'importance de l'enjeu.
Contribuer à l'épanouissement de l'autre.

Se confronter, un acte de confiance

Faire part de mes insatisfactions est un signe de confiance.
Envers moi, persuadé de la valeur de ma demande, de ma préférence.
Envers l'autre, convaincu qu'il fera tout son possible pour me plaire.

FICHE #15 • TROUVER LA DISTANCE OPTIMALE

Tout en formant un couple, chaque personne veut à la fois :

Se sentir reliée et libre, engagée et autonome.
Contrôler et partager son territoire.
Les conjoints « fusionnels » sont à l'aise très proches.
Les conjoints « indépendantistes » sont à l'aise plutôt éloignés.

Ce besoin de distance et de rapprochement varie selon :

- les moments :

  « Le matin j'ai besoin d'un temps à moi, où je me prépare dans le silence »,

  « Quand je reviens du travail, j'ai besoin d'une phase de décompression » ;

- les situations :

  « J'ai une grave décision à prendre pour mon travail ; j'ai besoin de réfléchir » ;

- la culture :

  Dans certains pays, on se parle à 10 cm l'un de l'autre, et dans d'autres à une longueur de bras.

  Chez certains peuples, on vit à vingt personnes de trois générations dans la même maison et on fait tout ensemble.

  Chez d'autres on vit seul, à deux, trois ou quatre personnes, parents et enfants dans une maison, et chacun a ses activités.

Vivre à une distance optimale

Souvent, un partenaire a besoin d'une plus grande « distance ».

La confrontation permet de découvrir notre distance optimale.

La confrontation permet de convenir de signaux pour nous garder à bonne distance.

Plusieurs confrontations à propos de « riens » visent en fait à protéger notre territoire.

Vie à deux et solitude

Les romantiques croient qu'on veut toujours être ensemble quand on s'aime.

Dans une relation intime, une dose de solitude est nécessaire.

Refaire ses énergies

Prendre chacun nos moments de recréation nous permet de nous rendre ensuite plus disponibles à l'autre.

Chacun a besoin de moments de solitude pour recharger ses énergies.
Les introvertis en ont besoin plus que les extravertis, qui refont leurs énergies en interagissant avec les autres.
Chacun dans son coin privé aime écouter de la musique, lire, bricoler, peindre, faire de la photographie, jardiner, courir, faire du vélo, etc.

Certains préfèrent prendre des vacances :

- ○ *en groupe organisé ;*
- ○ *avec un autre couple ;*
- ○ *en couple ;*
- ○ *chacun de son côté ;*
- ○ *avec les enfants ;*
- ○ *etc.*

2

Comment se confronter

Confronter :
mettre des personnes en présence
pour comparer leurs affirmations.
Le Petit Robert

FICHE #16 • CHOISIR LA CONFRONTATION

Une confrontation, c'est :

Une discussion constructive.
Où nous parlons de ce qui nous plaît et nous déplaît.
Pour améliorer notre relation.

Une confrontation comprend :

Des expressions émotionnelles.
Des explications rationnelles.
Une entente.

Une confrontation permet :

De faciliter l'expression de nos satisfactions et insatisfactions.
De produire des solutions mutuellement satisfaisantes.
De favoriser un rapprochement et l'expression de la tendresse.

Une confrontation n'est pas :

Une esquive, où je me retire sans dire mon insatisfaction.
Un accrochage, où l'un attaque l'autre et s'en va sans poursuivre la discussion jusqu'à une conclusion.
Une dispute, où nous nous adressons des reproches, des menaces, des interrogatoires, des sarcasmes l'un à l'autre.

Une dispute mène au conflit, une confrontation mène à l'entente.

Une différence se transforme en conflit ou en entente, selon que nous utilisons la dispute ou la confrontation.

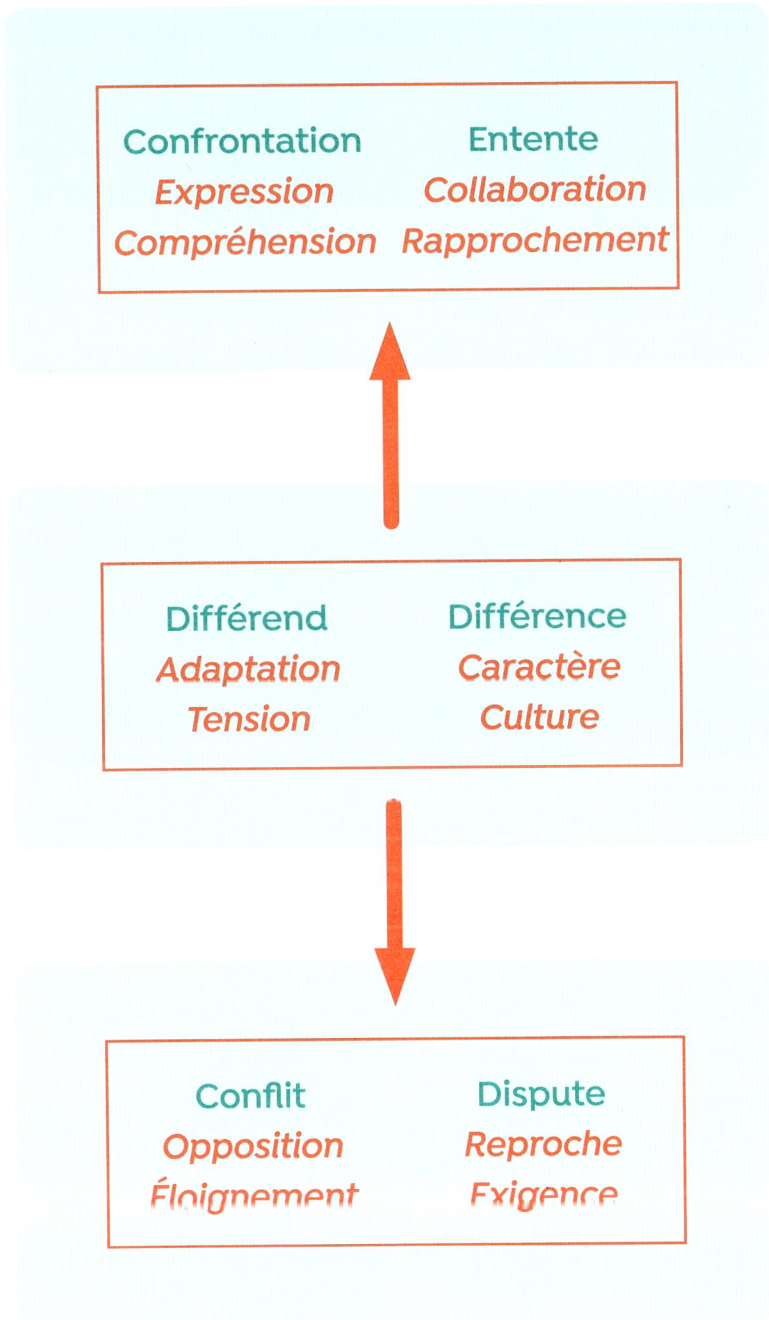
Confrontation
Expression
Compréhension
Entente
Collaboration
Rapprochement
Différend
Adaptation
Tension
Différence
Caractère
Culture
Conflit
Opposition
Éloignement
Dispute
Reproche
Exigence

FICHE #17 • NE PAS ESQUIVER

NE PAS faire comme si je n'avais pas entendu quand l'autre dit qu'il veut me parler.
NE PAS détourner l'attention sur un sujet peu important quand l'autre exprime une insatisfaction.
NE PAS faire diversion, blaguer quand l'autre aborde un sujet qui lui tient à cœur.

Exemples d'esquive

Je dois répondre à la banque ; notre hypothèque est en jeu.	*Il a neigé. Ça ne sera pas facile de conduire sur la route aujourd'hui.*
La petite ne fait plus ses nuits. Elle tousse fort, ça m'inquiète, il faudrait faire quelque chose. Si on attend trop, ça peut empirer.	*Oui, sans doute, on ne sait jamais.*
Qu'est-ce qui t'a pris de dévoiler devant nos amis que finalement nous allions aménager ensemble pour nous permettre de joindre les deux bouts pendant mes études ?	(Grogne, allume le téléviseur et se concentre sur l'émission.)
Chérie, ne conduis pas si vite. La route est glacée et nous n'avons pas nos pneus d'hiver, c'est DANGEREUX.	*Tu as vu, il y a un radar ici !*
Ce n'est pas raisonnable ! Tu m'avais promis de rester ce week-end et tu pars encore en tournée.	*Eh oui ! L'homme est un animal pas toujours raisonnable !*

Si je ne suis pas disponible, dire que j'ai entendu, fixer un rendez-vous :
« J'ai compris. Je n'ai pas le temps. Mon train part à 7 h 30. Nous en parlerons à mon retour, demain en soirée. »

Question : Quel sujet ai-je esquivé récemment ?

Action : Comment pourrais-je fixer un rendez-vous pour que nous en parlions à deux ?

FICHE #18 • NE PAS S'ACCROCHER

NE PAS exprimer mon insatisfaction puis laisser tomber le sujet.
NE PAS mettre fin à la conversation à peine amorcée.
NE PAS aborder un faux sujet pour irriter l'autre.
NE PAS aborder un sujet puis le laisser tomber sans conclure.

Exemple d'accrochage

Carlos houspille Virginia sur l'argent.

Virginia	Carlos
	Tu as encore mis notre compte joint à découvert !
Pourquoi ne me dis-tu pas la somme exacte que je peux dépenser ?	
	Tu le sais très bien quand tu dépenses trop. Mais tu t'en fous.
Tu ne me donnes pas de chiffre précis pour me prendre en défaut ensuite !	
	Tu le fais exprès : tu ne fais jamais ce que je te demande.
Je te parie 100 euros que je me tiendrai au budget si tu me donnes un chiffre précis.	
	De toute façon, tu n'en fais qu'à ta tête. Ça ne sert à rien de discuter !
Voilà ! Ça recommence !	

Exemple d'accrochage

Mariana	Adib
Mariana reproche à Adib de trop s'occuper de sa mère.	
Tu es trop souvent chez ta mère.	
	Et qu'est-ce que ça peut faire ?
Ce n'est pas normal, à ton âge.	
	Tu n'es pas ma psy !
Tu devrais peut-être aller en voir un. Tu saurais ce qu'il en est.	
	Je n'ai pas besoin de tes reproches pour me comprendre, au contraire !
J'en ai assez de ta conduite infantile !	
	Voilà ! Ça recommence !

Exemple d'accrochage

Lorraine	Claude
Claude asticote Lorraine puis sort.	
	Où diable as-tu mis mon téléphone ?
Je n'en sais rien. Pourquoi te défoules-tu sur moi quand tu ne trouves pas tes affaires ?	
	Parce que c'est toi qui l'as eu en main la dernière. Tu l'as rangé quand je l'ai déposé sur la table en allant prendre ma douche.
Il fallait bien que je le dépose quelque part pour mettre la nappe.	
	Mais alors tu aurais pu le mettre sur la nappe, à ma place ; je l'aurais trouvé. Là, je ne le trouve pas.
Il n'est pas loin. Cherche un peu.	
	Mais je cherche partout. Je me demande bien où tu as pu le mettre.
C'est la dernière fois que je te rends le service de le ranger quand tu vas te doucher et que tu l'as en main.	
	Mais où as-tu bien pu le cacher, juste pour me faire enrager ?
Calme-toi. Je te rends service et tu me houspilles... C'est simple : je vais t'appeler avec mon téléphone et tu le retrouveras. (Le téléphone sonne.)	

Lorraine	Claude
	Bon, le voilà. Il était entre les coussins du divan. Pourquoi diable l'avais-tu caché là ?
Il a sans doute glissé. N'en fais pas tout un plat !	
	(Furieux.) *Je ne peux plus en supporter davantage. Je vais travailler. Je vais déjeuner au restaurant en passant.* (Il sort.)
Va à ton bureau, « travailler » avec ta secrétaire au grand décolleté. C'est ça que tu veux au fond !	

Une escarmouche a eu lieu entre ces conjoints, mais le véritable sujet n'a pas été abordé.
La tension a monté, mais le différend n'est pas réglé.
Les insinuations ne constituent pas une communication saine.

Exemple d'accrochage

Martine	Bernard
Bernard houspille Martine pour un costume à nettoyer.	
Le matin :	
	J'aimerais aller jouer au tennis demain. Pourrais-tu, en passant, apporter ma tenue de tennis au pressing près de ton travail, et me la rapporter ce soir ?
OK. Je sais combien tu aimes jouer au tennis.	
	N'oublie pas de la rapporter, surtout !
Pas besoin de me le répéter ! J'ai compris.	
Le soir :	
	Enfin, un week-end avec du soleil ! Et un bon match de tennis, demain. Tu as bien rapporté ma tenue ?
Oh ! J'ai oublié !	
	Je dois donc aller la chercher ! Le pressing n'est pas fermé, j'espère ?
Je suis désolée, j'ai complètement oublié de la déposer. Je l'ai laissée dans ma voiture !	
	Bravo ! Tes promesses ne valent pas grand-chose ! Tu te fous que je passe ou non un week-end agréable !
Ne dis pas ça ! Je fais si souvent des courses pour toi et je te rends tant de petits services ! Comment peux-tu être aussi ingrat ?	

Exemple d'accrochage

Josiane	Sébastien
Josiane et Sébastien tentent en vain de synchroniser leurs humeurs.	
Pourquoi ne me dis-tu jamais rien lorsque tu vois que je suis bouleversée ?	
	Je ne vois pas ce que je peux faire quand tu te mets dans des états pareils.
Je ne veux pas être la seule à me plaindre. Si tu te montrais intéressé par ce que je ressens, je n'aurais pas l'impression de te déranger avec mes histoires.	
	Tu es sans doute fatiguée, tout simplement. Demain, ça ira mieux, tu verras. (Il pense : « Ce sont sûrement ses règles ! »)
Tu ne comprends pas ou tu ne veux pas comprendre ? (Elle sort de la pièce en claquant la porte.)	
	(Il se replonge dans son émission et attend que la tempête passe.)

L'un et l'autre accumulent leurs frustrations, fondées sur leur incompréhension.

Question : Est-ce que j'attends que mon partenaire devine que j'ai besoin d'aide ?

Action : Comment pourrais-je demander de l'aide à mon partenaire tout en assumant la responsabilité de régler moi-même mon problème ?

Question : Est-ce que je me montre disponible pour apporter mon aide à mon partenaire ?

Action : Comment pourrais-je offrir mon aide à mon partenaire sans envahir sa zone d'autonomie ?

FICHE #19 • NE PAS SE DISPUTER

NE PAS exiger, ordonner, commander :

« Tu me ramènes la voiture à 17 heures, un point c'est tout ! »

NE PAS menacer, avertir :

« Tu ne dépenses rien sans m'en parler, sinon j'enlève ton nom de notre compte joint ! »

NE PAS faire la morale, faire la leçon, sermonner :

« N'as-tu pas honte de laisser à la gardienne la responsabilité de décider à quelle heure nos enfants vont se coucher ? »

NE PAS critiquer, reprocher, réprimander, blâmer :

« Tu ne penses qu'à toi, ton petit confort personnel, égoïste ! »

NE PAS conseiller, dire quoi faire, recommander :

« À ta place, je ne m'en ferais pas avec ça. Ça va passer ! »

NE PAS argumenter, réfuter, riposter :

« Mais non, ce n'est pas dangereux. Regarde, les autres le font ! »

NE PAS flatter, louanger, amadouer :

« Toi, si compréhensive d'habitude, tu voudras certainement me laisser y aller. »

NE PAS ridiculiser, se moquer, user de sarcasmes :

« Encore des propos de femmes qui voient du danger partout ! »

NE PAS interpréter, prêter des intentions, « psychanalyser » :

« Tu dis ça pour me faire oublier tes bêtises d'hier, je te vois venir ! »

NE PAS rassurer, atténuer, minimiser le problème :

« Ce n'est pas grave. Calme-toi. Ça va aller mieux demain ! »

NE PAS enquêter, interroger, questionner :

« Qui t'a dit ça ? » « Combien as-tu payé pour ça ? » « Avec qui étais-tu hier soir ? » « Depuis quand as-tu recommencé ? »

NE PAS interrompre.

Exemple de dispute

Selena	**Bruno**
	Selena et Bruno sautent d'un sujet à l'autre.
	OÙ EST LA TÉLÉCOMMANDE ?
Pourquoi cries-tu comme un forcené ? Tu pourrais venir me parler.	
	Je crie parce que je t'ai dit cent fois de remettre la télécommande dans la pochette que j'ai achetée exprès pour ça. Et là le match commence et je n'ai rien pour zoomer.
C'est dimanche : tu pourrais faire autre chose que de regarder ces types courir derrière un ballon !	
	Je ne t'ai pas demandé de censurer mes émissions ; je te demande simplement de me laisser regarder un match par semaine : ça me détend !
C'est plutôt la bière que tu utilises pour « te détendre », comme tu dis !	
	Je ne contrôle pas le vin que tu bois après le travail. Ne contrôle pas la bière que je bois le week-end !
Nous pourrions employer nos dimanches à bien autre chose.	
	Comme quoi, par exemple ?

Selena	**Bruno**
Tu dois bien en avoir une petite idée !	
	Si tu as quelque chose à proposer, fais-le. En attendant, laisse-moi regarder mon match !
Comme d'habitude. C'est moi qui devrais trouver quelque chose !	
	Si je trouve quelque chose, je te le dirai... après mon match !
Tu ne daignes même pas faire une sortie avec moi !	
	Voilà, ça recommence !

Exemple de dispute

Nathalie	Vincent
	Pourquoi es-tu en retard ?
J'ai fait ce que j'ai pu.	
	Tu n'es jamais à l'heure.
Tu exagères : c'est la première fois depuis des mois.	
	Et l'autre jour, au cinéma ? Tu nous as fait manquer le début du film.
Je ne suis pas la seule à avoir des défauts. Tu oublies souvent de planifier tes rendez-vous et je dois te les rappeler.	
	Je pilote plusieurs projets de front. C'est normal que j'en oublie un peu !
Si tu les réussis, tes fameux projets, c'est en grande partie grâce à moi. Mais je n'ai pas un mot de reconnaissance.	
	J'ai d'énormes responsabilités et je passe de longues heures au travail, moi. C'est normal que tu m'aides. Toi, à ton collège, tu fais des petites journées !

Vincent et Nathalie se lancent des reproches.

Vincent et Nathalie ont rendez-vous pour dîner avec l'associé de Vincent et sa femme. Il tient à faire bonne impression. Nathalie arrive avec vingt minutes de retard. Ensemble depuis huit ans, Nathalie et Vincent se confrontent rarement. En route vers leur rendez-vous, le jeu de ping-pong commence.

Nathalie	**Vincent**
(Haussant le ton :) *Tu travailles dur mais tu ne gagnes pas plus d'argent. Tu te fais exploiter par ton employeur, qui ne te paie pas tes heures supplémentaires.*	
	C'est normal : il faut faire ça pour obtenir une promotion.
Ça fait des années que tu me parles de cette fameuse promotion et elle n'arrive toujours pas, pas plus que l'augmentation de salaire qui va avec.	
	J'y suis presque. Ce soir il faut faire bonne impression auprès de mon associé.
Si tu penses que je vais faire des courbettes devant celui qui t'exploite, tu te trompes.	
	Voilà pourquoi ma carrière n'avance pas. Tu ne m'aides pas.
Moi, je ne te demande pas d'aide. Je mène ma carrière, je progresse et mon salaire augmente chaque année, comme tout le monde.	
	Toi, ce n'est pas pareil, tu es protégée par une convention collective ; tu n'as pas de mérite.
(Criant :) *Là tu exagères. Moi, au moins, je progresse dans ma profession. Et pourtant tu es bien content que je paie une part de plus en plus grande de nos dépenses !*	

Exemple de dispute

Aurélie	Lucien
Aurélie et Lucien s'invectivent sur leur caractère.	
	Tu te plains tout le temps !
Tu me dis trop souvent que je suis une mégère.	
	Tu te plains trop. Je suis fatigué de cela.
Si je répète souvent les mêmes récriminations, c'est sans doute que je suis insatisfaite de quelque chose.	
	Pour moi il n'y a aucune bonne raison d'être toujours fâchée.
Toi, tu me critiques, et je te laisse parler, même si je n'aime pas cela.	
	C'est différent. Moi, je fais des critiques constructives. Toi, tu ne fais que te plaindre et imaginer des choses qui n'existent pas.
C'est ça, macho ! Tes critiques sont merveilleuses et les miennes sont des imbécillités ! Vas-y, ne te gêne pas pour me faire passer pour une idiote !	
	Ne me traite pas de « macho » ! Regarde la réalité en face : est-ce que par mes critiques je t'empêche de faire ce qui t'intéresse ? Moi, je suis sûr que non !

Aurélie

Tu fais les questions et les réponses en même temps. Je n'ai plus rien à dire. Parle tout seul, comme d'habitude.
(S'adressant au formateur :) *Vous voyez, nous ne pouvons jamais arriver à rien régler ; il rend toute communication impossible avec son monologue de commentateur sportif.*

Lucien

Sois brave : regarde-moi en face. Parle-moi comme je te parle. J'ai raison : mes critiques ne t'empêchent pas d'agir à ta guise.
Mais tes reproches constants m'empêchent de faire mon travail ! Et voilà la frustration à laquelle je veux mettre fin et pour laquelle je te parle devant le formateur.

Aurélie

Tu vas trop loin. Je ne t'ai jamais empêché de faire ton travail ! J'accepte que tu consacres beaucoup de temps à ta carrière ; je sais que ça te tient à cœur. Je t'aime comme tu es et je suis fière de ton ambition professionnelle.
Ce que tu peux être idiot parfois ! Je t'encourage de mon mieux, tu ne le vois pas ?

Lucien

Je sais que tu m'aimes, mais ça ne te donne pas le droit de m'assommer avec tes récriminations continuelles.

Aurélie	**Lucien**
N'est-ce pas moi qui t'ai empêché de te faire avoir par ton associé ?	
	Je m'entends très bien avec mon associé !
Évidemment, vous vous entendez bien. Toi, tu te défonces au travail et lui se promène dans les capitales du monde entier à récolter les contrats et les honneurs. Il est devenu une vedette et toi, aux yeux de vos partenaires et de vos concurrents, tu n'existes pas ! Et tu te contentes de ce rôle de faire-valoir ! Voilà ce qui me hérisse !	
	Maintenant, tu as décidé que je ne suis qu'un faire-valoir ! Un autre de tes reproches non fondés !
« Esclave », si tu comprends mieux ce que ça veut dire !	
	Mais pourquoi tu dis ça ?
C'est lui qui passe pour le génie alors que c'est toi qui as inventé tout ça. Si tu n'étais pas là, ces applications géniales n'existeraient pas.	
	Moi je suis le génie de la conception, et lui est le génie du marketing. C'est normal qu'il soit à l'avant de la scène : c'est comme ça que nous décrochons des contrats.

Aurélie | **Lucien**

Aurélie : *Mais qui a insisté pour que vous soyez associés à 50-50 ? C'est moi. Tu étais prêt à accepter 70-30 et il aurait racheté tes parts aussitôt qu'il en aurait eu l'occasion. Avoue que c'est moi qui t'ai évité la pire erreur de ta carrière !*

Lucien : *Oui, je le reconnais, tu m'as bien conseillé, cette fois-là. Mais depuis tu ne cesses de me harceler, comme si j'étais un écolier susceptible de se faire avoir à chaque pas.*

Aurélie : *Mais moi, garçon, je ne fais pas de bêtise. Je gravis les échelons dans l'entreprise. À chaque pas, je m'assure que ma compétence est reconnue et qu'on le prouve en m'accordant des actions de la compagnie. Dans quelques années, je serai l'associée principale. Voilà comment il faut faire.*

Lucien : *Ça n'a pas toujours été comme ça. Tu as été sur une pente glissante pendant quelques années, avant que je te rencontre.*

Aurélie : *Ne t'aventure pas à remuer mon passé, parce que le tien n'est pas plus glorieux et je suis bien magnanime de ne jamais y faire allusion. Ce que tu dois retenir, mon garçon, c'est que je me suis retournée, j'ai rebondi, j'ai appris de mes erreurs et maintenant je monte en flèche. Et tu pourrais en faire autant, si tu n'étais pas si mou, monsieur béni-oui-oui !*

Aurélie	**Lucien**
	Arrête de m'appeler « mon garçon » ! Je ne suis pas un écolier !
Je ne t'appellerai plus comme ça quand tu te comporteras en homme et feras valoir tes compétences auprès de ton associé.	
	Tu me nuis en te comportant de façon agressive envers lui quand nous nous rencontrons entre couples. Nous voulons passer un bon moment de détente après notre semaine de travail et tu fais planer un gros nuage noir au-dessus de nos têtes.
Ce n'est pas à lui que j'en veux. C'est à toi !	

Question : Ai-je engagé une dispute semblable récemment ?

Action : Comment pourrais-je initier une confrontation constructive à ce sujet avec mon partenaire ?

FICHE #20 • SE CONFRONTER

S'assurer que le moment me convient et convient à mon conjoint pour discuter de ce sujet.
Discuter d'un sujet et nous y maintenir.
Dire franchement ce qui nous satisfait et ce qui ne nous satisfait pas.
Décrire un comportement concret de l'autre qui me dérange.
Expliquer concrètement les dérangements que cela me cause.
Exprimer les sentiments que j'éprouve face à ces inconvénients.
Écouter jusqu'au bout ce que l'autre a à dire.
Comprendre le point de vue de l'autre.
Saisir l'insatisfaction : à la fois mon comportement, les ennuis qu'il cause à l'autre et ce qu'il/elle ressent alors.
Vérifier avec l'autre que je l'ai bien compris.
Demander un changement concret.
Faire une proposition précise.
Examiner plusieurs solutions possibles.
Choisir la meilleure solution applicable.
Négocier une entente qui nous convienne à tous deux.
Établir un plan d'action.
Vérifier que la solution règle bien le problème après l'avoir appliquée un certain temps.

Exemple de confrontation

Claire	Gabriel

Claire et Gabriel s'expliquent et s'entendent.

(Agacé et cherchant à comprendre :) *Dis-moi, chérie, pourquoi ne m'appelles-tu pas quand tu vas rentrer plus tard ?*

Parce que… je ne pense pas que ça te pose un problème.

Eh bien, je te le dis, ça m'indispose. Si je sais que tu rentres à l'heure habituelle, je commence à préparer le repas, je t'attends un peu pour manger avec toi et parler de notre journée.

Tu m'apprends quelque chose. Je ne pensais pas que ça changeait quoi que ce soit dans ta soirée. J'étais persuadée que tu savais t'organiser que j'y sois ou pas.

Bien sûr, je sais organiser ma soirée. Justement, ton arrivée, ou plutôt l'heure de ton arrivée, fait toute la différence. Si tu rentres tôt, nous mangeons ensemble et nous faisons un plan commun pour la soirée. Sinon, si je le sais, je me fais un plan solo. Alors pas de problème, il y a justement un film politique que j'aimerais voir et qui n'est pas dans tes préférés.

J'apprécie ta délicate attention, mais je n'aime pas penser que ma présence soit essentielle à ton bonheur. Il me semble que nous pouvons être plus autonomes que ça.

Claire	**Gabriel**
	Bien sûr. Ne t'inquiète pas. Je sais très bien occuper mes soirées quand tu n'es pas à la maison. Le problème n'est pas là. Je veux simplement savoir à quelle heure tu rentres pour planifier en conséquence.
Tu sais à quel point je tiens à ce que nous soyons tous deux autonomes ! Alors ce genre de question m'agace parfois.	
	Comment dire ? C'est comme quand tu me demandes ce que je prévois de faire dimanche lorsque tu veux aller voir ta sœur et que nous devons nous coordonner.
Mais, tu sais, quand il y a une foule imprévue de clients et que je dois assurer le service, je ne peux pas t'appeler, ça couperait la conversation que je dois avoir avec eux.	
	Je vois, c'est embêtant...
Mais je pourrais t'envoyer un texto : c'est discret, ça ne brise pas la conversation avec la clientèle.	
	Formidable ! Je savais qu'il y avait moyen de trouver une solution. Tu es géniale !
Si c'est tout ce qu'il faut pour te rendre heureux, pas de souci...	
	J'apprécie.
Qu'est-ce que je ne ferais pas pour toi !	
	Et si moi je peux faire quelque chose pour toi, n'hésite pas... (Ils s'embrassent et s'enlacent joyeusement.)

Exemple de confrontation

Martine	Bernard
Bernard discute avec Martine de vie ensemble.	
	J'aimerais jouer au tennis demain. Pourrais-tu faire nettoyer ma tenue aujourd'hui au pressing près de ton travail ?
Tu as vraiment envie de jouer au tennis demain ?	
	Oui. Après une semaine de travail assis, j'ai besoin d'exercice.
D'accord, à condition que tu passes du temps avec les enfants et moi.	
	Je pourrais jouer au tennis demain, et nous ferions quelque chose ensemble dimanche. Qu'en dis-tu ?
Ça me va. J'aimerais que nous sortions à bicyclette tous ensemble et pique-niquer au Vieux Fort.	
	Je pensais me reposer de mon activité physiquc dimanche.
Oh toi, tu sors samedi, nous avons besoin de sortir et de profiter de ce week-end ensoleillé.	
	Pour cette fois, je pourrais ajouter le vélo à mon tennis. Mais nous devons penser à nos week-ends à venir.

Martine | **Bernard**

Martine : *J'insiste pour que nous passions une journée par week-end dans une activité familiale. Bientôt les enfants ne sortiront plus avec nous et cette partie de notre vie se sera envolée.*

Bernard : *Je veux faire des activités en famille. Parfois j'oublie de planifier. C'est bon que tu me le rappelles.*

Martine : *Nous sommes d'accord ! Je vais faire nettoyer ta tenue de tennis.*

Question : Quelle approche ce dialogue me fait découvrir ?

Action : Comment pourrais-je initier une confrontation semblable avec mon partenaire ?

LA COMMUNICATION, CLÉ DE LA CONFRONTATION

Communiquer sert à mieux nous connaître.

Nous connaître l'un l'autre n'est jamais acquis ; car nous changeons, nous évoluons au fil des jours.

Faire savoir à l'autre ce que je vis au jour le jour.
Savoir ce que l'autre vit au jour le jour.

Communiquer clairement

Transmettre un message :
une information
(ce que je dis)
et surtout mon intention
(ce que je veux dire, pourquoi je le dis).
Exprimer ce que je ressens.
Expliquer ce que je pense.
Révéler ce qui me préoccupe.

Recevoir un message :
une information
(ce que tu dis)
et surtout ton intention
(ce que tu veux dire, pourquoi tu le dis).
Comprendre ce que tu ressens.
Saisir ce que tu penses.
Capter ce qui te préoccupe.

Action pour communiquer clairement

Formuler mon message pour :

1. Obtenir l'attention de mon partenaire.
2. Indiquer l'intention de mon message.
3. Émettre un message clair.
4. Vérifier comment mon partenaire a reçu mon message.
5. Encourager mon partenaire à réagir.

Exemple : comprendre l'information

Alexia	Romain
Alexia et Romain parlent de taux de change.	
Avec le taux de change qui varie, les voyages dans le Sud sont de moins en moins chers !	
	Évidemment. Et les coûts du pétrole qui varient aussi… D'ailleurs, à « Économie en direct », on disait que les agences de voyages vont faire des affaires en or.
Oui, sans doute.	

Exemple : comprendre l'information

Alexia	Romain
Alexia et Romain parlent d'envie de voyager.	
Avec le taux de change qui varie, les voyages dans le Sud sont de moins en moins chers !	
	Alors, tu aimerais sans doute que nous sautions sur l'occasion pour faire une escapade en amoureux, non ?
Regarde : on annonce un tout-compris à 800 euros pour une semaine ; ça nous ferait du bien. Tu ne trouves pas ?	

Question : Quelle intention n'aurais-je pas comprise récemment ?

Action : Comment pourrais-je relancer le dialogue sur ce sujet et m'assurer que j'ai saisi l'intention de mon partenaire ?

FICHE #21 • LE BESOIN ET LA FAÇON DE COMMUNIQUER VARIENT D'UNE PERSONNE À L'AUTRE

Beaucoup de couples font des découvertes étonnantes lors de confrontations guidées. Ils sont tout étonnés :

« Je ne le savais pas ! » « Mais je te l'avais dit ! »

En fait, l'un l'avait dit, mais l'autre ne l'avait pas saisi.

Elle était irritée, mais il avait perçu qu'elle était un peu agacée.
Il n'avait pas envie, mais elle avait perçu qu'il était peu disposé.

Éviter les malentendus

Connaître les différents styles de communication selon les caractères et personnalités.

Exemples

Les extravertis parlent de ce qu'ils vivent pour y voir clair.
Les introvertis réfléchissent pour voir clair dans ce qu'ils vivent.
Les expansifs trouvent que les réservés parlent peu.
Les réfléchis trouvent que les exubérants parlent beaucoup.
Les analytiques, qui voient tous les détails, pointent chaque incident au fur et à mesure.
Les synthétiques, qui regardent un ensemble, résument une situation après en avoir rassemblé tous les éléments.

Pourtant tous communiquent.

L'un s'exprime par une phrase courte et précise, rassemblant beaucoup d'informations.
L'autre fait un long discours et énumère une série d'éléments.

Exemple d'un couple différencié

Elle dit que son mari n'exprime jamais ce qu'il ressent !
En l'écoutant, tous les membres du groupe trouvent qu'il est très transparent et qu'ils perçoivent très clairement ce qu'il vit. La différence : elle dit « Je ressens. » ; il dit : « Je pense. » Avec un vocabulaire différent, chacun révèle son for intérieur.

Exemple

Katie et Ariel parlent de leurs préférences pour communiquer.

Katie	Ariel
	Tu parles sans cesse !
Que veux-tu dire ?	
	Tu parles tout le temps, que nous soyons en conversation ou non. Tu parles toute seule. Ça m'étourdit.
Je parlerais peut-être moins si tu m'écoutais plus !	
	Tu sembles parler, que tu aies un interlocuteur ou non.
Que veux-tu dire ?	
	Tu racontes en détail ce qui s'est passé dans la journée à ton travail. Mais je ne sais pas ce que tu ressens.
Ma carrière ne t'intéresse pas ?	
	Je m'intéresse à ta carrière. Mais ce que Juliette, Sarah ou Catherine a dit ou fait au bureau ne m'intéresse pas. Je m'intéresse à toi, pas à elles.

Exemple

Marlise	Pierrot
Marlise et Pierrot échangent sur leurs styles de communication.	
Tu ne me parles pas.	
	Que veux-tu dire ?
Je ne sais jamais à quoi toi tu penses.	
	Que veux-tu savoir ?
Ce que tu penses de moi, de nos enfants, de ce qui se passe dans le monde !	
	Tu sais que je te trouve formidable !
Ça ne me suffit pas ! J'aimerais savoir ce que tu penses de ce que je fais, de ce que nos enfants font chaque jour.	
	Si tu as besoin de savoir ça, pose-moi des questions. Je n'ai rien à cacher. Je vais tout te dire de ce que tu veux savoir.
Mais je n'aime pas avoir à te poser des questions. Je dois te tirer les vers du nez. Ce serait plus facile si tu parlais de ta propre initiative.	
	Je ne suis pas habitué. Je veux bien m'appliquer à te parler davantage.

Exemple

Geneviève	**Louis**

Geneviève et Louis comparent leurs façons de communiquer.

Geneviève : *On ne se parle pas.*

Louis : *Que veux-tu dire ?*

Geneviève : *Nous ne nous asseyons pas pour faire le point, parler de ce qui va et de ce qui ne va pas, ou du moins de ce qui pourrait aller mieux entre nous.*

Louis : *D'accord, nous ne nous asseyons pas pour faire le point. Nous pourrions le faire. Quand tu veux, je suis ton homme.*

Geneviève : *Je ne t'entends pas dire ce que tu aimerais ! Je ne suis pas parfaite, tu voudrais sans doute que je change certaines choses... pour qu'il y ait plus d'harmonie entre nous.*

Louis : *D'abord, je te trouve merveilleuse, joyeuse, généreuse, délicieuse ! Ensuite, quand j'ai un inconfort dans notre relation, je te le dis. Trois ou quatre fois je t'ai demandé de m'expliquer certains de tes agissements qui me... désolaient.*

Geneviève : *Et c'est tout ?*

Geneviève | **Louis**

Louis : Oui. Quand quelque chose me préoccupe, j'y songe un peu, puis je te le dis. J'ai toute confiance sur le fait que tu me répondras franchement.

Geneviève : Tu m'avais dit que j'avais l'air d'une femme qui sait s'affirmer, qui le fait savoir quand elle apprécie ou n'apprécie pas quelque chose. Je t'avais répondu que je suis ce genre de femme. Eh bien, c'est la personne que j'aimerais être. En fait, je réprime souvent ce que je ressens, car je ne veux pas être celle qui se plaint.

Louis : Je suis le plus surpris des hommes. Que puis-je faire dans pareil cas ?

Geneviève : Ça m'aiderait si tu me demandais de temps à autre si quelque chose me chiffonne. Cette invitation me faciliterait la tâche. Ou mieux encore, si nous faisions le point par exemple chaque semaine, pour ne pas accumuler de frustration.

Louis : Quand tu veux, je suis ton homme. Nous tenons des réunions de ce genre au travail et c'est très utile. Je le ferai très volontiers pour nous deux.

Question : En quoi mon style de communication et celui de mon partenaire sont-ils différents ?

Action : Quelle approche puis-je adopter pour que nous comprenions et utilisions nos différents styles de communication ?

FICHE #22 • COMMUNIQUER DE FAÇON COHÉRENTE

Nous communiquons par notre langage corporel :

- notre ton ;
- nos gestes ;
- notre posture ;
- nos mimiques...

... révèlent notre état intérieur.

Quand notre langage verbal correspond à notre langage corporel, la communication est claire et cohérente.
Quand nos gestes disent autre chose que nos mots, la communication est brouillée, confuse.

Clarifier au plus tôt toute communication ambiguë

Quand le langage corporel et le langage verbal, les gestes, les mimiques, la posture et la parole ne correspondent pas, le message est ambigu.

Clarifier cette équivoque au plus tôt, pour mettre les choses au clair.

Exemples

« Tu as regardé l'heure à plusieurs reprises, as-tu hâte que nous partions ? »

« Tu m'as repoussé quand j'ai voulu t'embrasser. Ai-je fait quelque chose qui t'a froissée ? »

« Tu n'avais pas l'air d'avoir très envie d'un câlin ce matin. Quelque chose te préoccupait ? »

Quand la communication est ambiguë, les deux conjoints ont intérêt à la clarifier :

Celui qui parle, car son expression peut révéler qu'il hésite, accepte sans être à l'aise, craint de déplaire, se remet en question, etc.

Celui à qui il s'adresse, car son ton de voix, ses paroles, etc. peuvent ne pas laisser de latitude suffisante à l'autre pour qu'il parle franchement.

Exemple de communication ambiguë

L'origine des malentendus

Elle vit Je rêve d'une soirée de repos à la maison !	**Elle montre** Peu motivée pour cette sortie : ton de voix languissant.	**Elle dit** « Tu veux toujours aller chez Bob ce soir ? »
Il dit « Oui, ils nous attendent pour 19 heures. »	**Il montre** Très motivé : ton de voix excité.	**Il vit** Je n'ai pas envie d'y aller : je dois la motiver !
Il vit Je meurs d'envie de danser.	**Il montre** Hésitant : regard contrarié, voix faible.	**Il dit** « On va danser ? »
Elle dit « Il n'y a que de très bons danseurs sur la piste. »	**Elle montre** Exaspérée : soupire, regarde ailleurs	**Elle vit** Je ne veux pas danser, je n'ai pas le cœur à la fête.
Elle vit Je crains que cet envoi ne démarre une relation	**Elle montre** Inquiète : regard crispé, ton de voix anxieux.	**Elle dit** « À qui envoies-tu ces cartes postales ? »
Il dit « À nos amis chez qui nous avons mangé ce mois-ci. »	**Il montre** Détendu : ton de voix enjoué, léger, mimique souriante.	**Il vit** Tendu : déstabilisé par cette question qu'il ne comprend pas bien.
Il vit J'espère qu'elle viendra. Elle avait quelques craintes. Mais il ne faut plus y penser.	**Il montre** Assuré : persuadé que tout ira bien. Rassurant : ton de voix dynamique.	**Il dit** « Tu as tout ce qu'il faut pour l'excursion de samedi et dimanche ? »
Elle dit « Oui, j'ai tout. J'avais les bottes. Je me suis procuré des bâtons. »	**Elle montre** À la fois craintive et motivée : ton de voix vigoureux, avec quelques élans « forcés ».	**Elle vit** Je crains de ne pas être assez en forme pour cette excursion. Je dois me montrer hardie.

Exemple de communication ambiguë

Gina et Aldo se chamaillent à propos de leurs vacances.

Gina vit	Gina dit	Aldo dit	Aldo vit
Je n'aime pas que tu laisses ta mère se mêler de nos affaires.	*« As-tu dit à ta mère qu'elle ne pouvait pas venir en août ? »*		
		« Pas encore. »	*Ma mère ne voit pas souvent ses petits-enfants.*
	« Tu me l'avais promis ! »		
		« Je n'ai pas encore trouvé le temps de l'appeler. »	*Ma mère veut venir deux semaines pendant les vacances scolaires.*
	« Tu ruines mon été ! »	*« Tu tournes tout au drame. Je n'ai plus envie de voyager avec toi. »*	
Nous étions d'accord : sa mère ne vient pas pendant nos vacances.	*« Nous allons à la mer avec les enfants. C'était décidé ! »*		
		« Tes exigences sont sans fin ! »	
	« Pourquoi ne veux-tu pas me faire plaisir ? »		
		« Tu en demandes trop ! »	

Question : Quelle conversation aurions-nous laissée être ambiguë ?

Action : Comment pourrais-je relancer le dialogue avec mon partenaire pour clarifier cette communication ?

Exemples de communication ambiguë

Iris et Yann échangent des propositions à demi.

Iris vit	Iris dit	Yann dit	Yann vit
		« Pour ton anniversaire, j'avais pensé t'inviter à sortir danser. Mais comme tu es fatiguée, nous resterons à la maison. »	*J'aimerais tant t'inviter à danser en ville !*
Quelle surprise ! Ce serait bien. Mais j'ai besoin d'apprivoiser le situation.	*« Je ne vois pas où nous aurions pu aller danser ! »*		*Sortir danser avec moi ne l'intéresse pas.*

Armelle et Steve confondent désir et reproche.

Armelle vit	Armelle dit	Steve dit	Steve pense qu'Armelle vit
J'aimerais que nous sortions, comme avant, en amoureux !	*« On ne sort jamais ! »*		
		« Vas-y, accable-moi de reproches, comme d'habitude ! »	*Elle trouve que je ne fais jamais rien de bon !*

FICHE #23 • REPRENDRE CONTACT

Recréer l'intimité, le lien qui nous unit est parfois délicat :

- *L'un revient de voyage.*
- *L'un revient d'un examen, d'un entretien, d'une visite à un ami blessé ou de toute autre épreuve.*
- *L'un et l'autre, nous revenons du travail.*

Nous voulons alors nous retrouver, nous rapprocher.

Pendant une minute :

☒ NE PAS parler.

☑ Nous regarder.
Nous toucher.

Puis :

☑ Déterminer lequel a le plus fort besoin de vider son sac : en général, la personne :

- qui revient de voyage ;
- qui a eu une dure journée au travail ;
- qui traverse une période compliquée.

Laisser cette personne exprimer ce qu'elle ressent un bon moment (vingt minutes).
Écouter, comprendre ce qu'elle exprime.
Inverser les rôles.

FICHE #24 • QUAND SE CONFRONTER

NE PAS engager une confrontation quand l'un ou l'autre est fatigué, stressé, occupé, préoccupé, attendu.

NE PAS accumuler mes frustrations dans un compte secret dans le but de soulever ces points pour un règlement global : la tension trop forte risquerait de faire dérailler la confrontation.

NE PAS changer une sortie romantique en confrontation de mise au point.

Exemple

> Un couple s'entend pour passer un long week-end en voilier.
> Le premier jour ils naviguent, s'amusent, se cajolent.
> Ils passent une nuit amoureuse orgasmique.
> Le lendemain, au petit déjeuner, elle lance :
> « Nous ne nous disons jamais rien ! »
> Et sans crier gare, elle vide son sac de frustrations accumulées.
> Il se fâche. Elle réplique vivement. Un silence lourd s'installe.
> ***C'est alors un accrochage et non une confrontation.***
> L'explosion sans avertissement a assombri ce week-end en amoureux.

Discuter quand nous sommes dans des dispositions favorables.

Prendre rendez-vous

Convenir à l'avance d'un moment pour nous parler.

Nommer le sujet de confrontation.

Choisir un sujet dont nous sommes tous deux disposés à discuter.

En parler le plus tôt possible, dès que nous sommes disposés à le faire, quand les choses se seront calmées, si nécessaire.

Trouver un moment qui convienne aux deux conjoints

Chacun a son moment préféré pour discuter.

L'un peut être du matin et l'autre du soir.

Certains préfèrent discuter avant le repas, d'autres après...

Exemple pour prendre rendez-vous

Josée	Jean-Michel
Josée et Jean-Michel trouvent un moment pour se parler.	
	Je viens de recevoir le relevé de la banque. J'ai besoin d'une heure pour discuter de ça avec toi !
Pas ce soir ! Je suis en pleine forme et j'aimerais m'amuser.	
	Nous devons en discuter. C'est une question importante. Ne pouvons-nous pas en discuter d'abord et nous amuser ensuite ?
Je ne crois pas. Une discussion aussi sérieuse rendrait toute la soirée morose.	
	Comme tu veux. Demain ou après-demain nous parlerons de nos finances.
J'ai une meilleure idée : nous pourrions en parler samedi matin, après le petit déjeuner. Là tu auras toute mon attention. Ma semaine de travail sera derrière moi et tous mes soucis professionnels seront oubliés.	
	Bon, si c'est mieux, allons-y pour samedi matin.

Question : Aurais-je récemment provoqué un accrochage sans vraiment régler le différend ?

Action : Comment pourrais-je susciter un rendez-vous avec mon partenaire pour clarifier cette situation ?

Une confrontation n'est pas nécessairement longue.
Nous pouvons parvenir à une entente en peu de temps.
Avec la pratique, nos confrontations deviennent plus efficaces et plus brèves.
Une confrontation peut parfois se produire à l'improviste.

Exemple de confrontation express

Marilou	Olivier
Marilou et Olivier règlent rapidement leur sortie.	
	N'oublie pas. Nous dînons ce soir avec mon patron et le nouvel acquéreur de notre entreprise. Je passe te chercher à 19 heures.
Je ne veux pas aller à ce dîner !	
	Tu dois être là. L'acquéreur international insiste pour rencontrer les candidats à la direction avec leur conjointe ! Leurs études leur ont démontré que les couples qui vont bien fournissent de meilleurs leaders.
Je n'aime pas sortir avec toi dans ces circonstances. Souvent tu bois trop et tu nous ridiculises ! Et j'ai honte devant les invités !	
	Vraiment ?
Puisque je te le dis. Si c'est si important pour toi, fais un effort et je ferai ma part. Si tu restes sobre, je trouverai la soirée intéressante.	
	D'accord. Si tu viens, je ne prendrai qu'un verre de vin ou deux, pas plus, promis. Pour moi, ça fait une grande différence que tu sois à mes côtés. Ta présence est ce qui me donne le plus confiance en moi.

FICHE #25 • OÙ SE CONFRONTER

Choisir un endroit pour se confronter

NE PAS se confronter dans la chambre à coucher : réserver cette pièce pour la tendresse.

S'entendre sur l'endroit où engager une confrontation.
Trouver un endroit où nous pouvons nous isoler.
Sortir :

- aller marcher dans un parc ;
- manger au restaurant ;
- faire une excursion en bateau, à la montagne, etc.

FICHE #26 • COMMENT SE CONFRONTER

Protéger les points sensibles de chacun

Chacun a un degré de sensibilité différent.
Cette sensibilité varie selon les personnes, les sujets, les circonstances.

Faire connaître mes points sensibles à l'autre.
Respecter les siens.

NE PAS dépasser ces limites.
NE PAS blesser volontairement.

Exemples

« S'il te plaît, ne critique pas ma famille ! »
« Je ne peux pas supporter les critiques sur mon physique ! »
« J'aime beaucoup me maquiller. Nous en avons déjà discuté. Parlons d'autre chose ! »
« Je devrais arrêter de fumer. Tu m'en as déjà parlé. Je sais. J'arrêterai quand je serai prêt ! »
« Je mange avec mes doigts. Dans ma culture, c'est comme ça ! »
« Dans ma culture, l'homme entre avant la femme ; c'est pour la protéger d'un possible danger ! »
« Ne parlons pas de mes petits seins ni de ton petit pénis, ça ne sert à rien ! »
« Ne te moque pas des Italiennes (comme moi) ! »
« Ne me traite pas de "maudit Français" ! »
« Je gagne moins bien ma vie que toi. Il n'est pas nécessaire de me le rappeler ! »

PRÉVENIR PAR LA CONCERTATION

La concertation est une confrontation sans différend, une discussion avant qu'il n'y ait problème.
Nous ne traitons pas d'insatisfaction, nous recherchons simplement la satisfaction optimale de l'un et de l'autre.
Il est plus facile de nous entendre quand nous n'avons pas de différend.
C'est le moment idéal pour prendre des décisions d'un commun accord et ainsi nous entraîner pour les situations plus tendues, exigeant plus de doigté, de compréhension, d'affirmation et de collaboration.
Dans nos formations, nous proposons des exercices pour se former à la décision conjointe.

Chaque couple a quinze, vingt ou trente minutes pour s'entendre sur des sujets faciles comme :

Que faisons-nous le week-end prochain ?
Quel film allons-nous voir ?
Comment dépenserons-nous 100 euros ?
Quel cadeau offrirons-nous à notre enfant ?

Nous donnons ces indications simples et exigeantes à la fois :

NE PAS prendre une décision hâtive pour en finir au plus tôt.

Tirer au sort qui parlera en premier et en deuxième.
Prendre le temps d'écouter l'autre jusqu'au bout.
Résumer les besoins, les préférences exprimés par l'autre.
Obtenir sa confirmation qu'on l'a bien compris.
Envisager plusieurs options, au moins dix, de préférence vingt.
Combiner plusieurs idées pour améliorer la décision.
S'assurer qu'on est parvenu à une véritable entente :
l'écrire chacun de son côté,
puis vérifier si on a écrit tous les deux la même chose.
Arrêter un moment pour échanger sur ses satisfactions et insatisfactions suite à l'application de cette décision.

FICHE #27 • DÉTERMINER LES SUJETS SUR LESQUELS ON DÉCIDE SEUL, SUR LESQUELS ON DÉCIDE ENSEMBLE ET SUR LESQUELS ON SE CONSULTE

Nous pouvons prévenir bien des conflits en convenant ensemble des champs de compétence ou de liberté de chacun.

Combiner autonomie et coopération

Déterminer le champ de liberté et de concertation de chacun.

Décider seul : sans devoir en parler à l'autre.
Consulter : obtenir l'avis de l'autre pour mieux décider moi-même ce que je veux faire.

> « Je songe à changer ma voiture. Je me demande s'il vaut mieux l'acheter ou la louer. Tu as un avis là-dessus ? »
> (Je peux te conseiller puis tu décides, et vice versa.)

Décider ensemble : nous mettre d'accord sur une façon d'agir.

> « Nous devons décider quelles factures nous payons ce mois-ci, car nous ne pouvons pas les payer toutes. »

Exemples de situations où les partenaires se sont distribués efficacement leurs responsabilités

Je décide	Je te consulte puis je décide	Nous décidons ensemble	Tu me consultes puis tu décides	Tu décides
Le menu pour la réception.	*L'endroit de réception et les invités.*	*Le budget pour fêter ton diplôme*	*Ce que tu porteras à la cérémonie.*	*La surprise que tu me feras.*
L'entretien général de la maison.	*La négociation de l'emprunt.*	*Le choix de notre maison.*	*La décoration, les meubles de la maison.*	*Les arbres, les fleurs, les plates-bandes.*
La façon dont je m'occupe des enfants quand je suis avec eux.	*La supervision à accorder à nos enfants pour leurs études.*	*Les traitements à utiliser pour la santé de nos enfants.*	*La supervision à accorder à nos enfants dans la pratique de leurs sports.*	*La façon dont tu t'occupes des enfants quand tu es avec eux.*
Les conditions autres que le salaire et le temps à consacrer.	*Mon nouvel horaire de travail.*	*Le temps que je consacrerai à mon nouveau travail.*	*Ma façon de garder contact avec toi quand je suis en voyage.*	*Tes activités quand mon travail me retient à l'étranger.*
Mon programme d'activité physique.	*Le club où je m'abonne pour m'entraîner.*	*Nos activités sportives communes.*	*Le coach que tu choisis pour t'entraîner.*	*Ton programme d'activité physique.*

Je décide	Je te consulte puis je décide	Nous décidons ensemble	Tu me consultes puis tu décides	Tu décides
L'usage de mon temps le matin en vacances.	Les visites de sites historiques que je ferai en vacances.	Notre temps ensemble en vacances.	Les visites artistiques que tu feras en vacances.	L'usage de ton temps le matin en vacances.
Mes dépenses en vêtements, sorties, loisirs.	L'usage de ma carte de crédit et de mon fonds de retraite.	Le budget commun : maison, voiture, nourriture, enfants.	L'usage de ta carte de crédit et de ton fonds de retraite.	Tes dépenses en vêtements, sorties, loisirs.
La façon dont je m'occupe de mon corps, de ma santé.	Ma façon de traiter mes petits malaises occasionnels.	Notre plan de mise en forme : alimentation, marche, etc.	Ta façon de traiter tes petits malaises occasionnels.	La façon dont tu t'occupes de ton corps, de ta santé.

FICHE #28 • PERMETTRE À MON CONJOINT D'EXPRIMER SON STRESS VÉCU À L'EXTÉRIEUR

Plusieurs accrochages entre conjoints surviennent quand l'un revient à la maison et exprime ses frustrations vécues dans ses contacts avec des personnes extérieures au couple, suite par exemple à :

- *une réunion d'équipe au travail ;*
- *une discussion avec un associé ou une collègue ;*
- *une conversation avec une amie ;*
- *une rencontre avec un membre de sa famille.*

« J'ai fait une confidence à une collègue et elle est allée tout répéter à la directrice. Elle m'a convoquée à son bureau et a exigé des explications ! Je l'aurais étripée ! Je songe à demander une mutation dans un autre département ! »
« Je ne participerai plus jamais à ces rencontres parents-profs. On nous blâme des difficultés scolaires de notre garçon. S'il a des problèmes à l'école, c'est parce que nous ne nous occupons pas assez de lui ! »
« Ces réunions tournent en rond. Plusieurs se concertent avant la réunion, demandent le vote et coupent la discussion. »

NE PAS donner de conseils : votre conjoint n'a pas demandé une consultation.

> « Tu n'aurais pas dû lui en parler. »
> « Il fallait alors aller parler à la directrice. »

NE PAS critiquer, blâmer, dénigrer : ce serait lancer une dispute.

> « Tu parles trop ; ça va te jouer de vilains tours. »

Démontrer mon intérêt envers ce ce que vit mon/ma conjoint(e).
Écouter et comprendre.
Le laisser vider son sac.

FICHE #29 • COMMENT ENGAGER UNE CONFRONTATION

Avant d'engager une confrontation

Faire le point en moi-même pour clarifier ce qui me préoccupe.

Si je perçois une tension, si légère soit-elle, entre mon conjoint et moi, me demander :

« Qu'ai-je fait ? »
« Qu'ai-je dit ? »
« Qu'a-t-il (elle) fait ? »
« Qu'a-t-il (elle) dit ? »
« Qu'est-ce qui me contrarie ? »
« Qu'est-ce qui semble le (la) contrarier ? »

Choisir l'action appropriée :

○ Si je suis insatisfait	Lui dire ce qui m'indispose.
○ Si l'autre semble insatisfait	Lui demander ce qui l'indispose.

Initier une confrontation

Présenter clairement…

- mes observations : ce que je fais, dis, vois, entends ;
- mes préoccupations : notre satisfaction à tous les deux, qui est mon objectif ;
- mes buts : améliorer la situation pour nous deux.

Exemples

« Il ne nous reste que deux jours de vacances. Ce serait bien de dresser un plan pour faire les choses qui nous importent le plus. »

« L'école recommence bientôt. Comment nous répartirons-nous les tâches alors ? »

« Avant de nous départir de notre deuxième auto, nous devrions planifier nos semaines avec une seule voiture. »

Comment initier une confrontation

Exemple

1. Observer tout signe d'insatisfaction, chez moi ou chez l'autre :
   - ○ Un commentaire sarcastique :
   - « Tu t'es bien amusé, j'espère, vu l'heure à laquelle tu rentres ! »
   - ○ Un message irrégulier :
   - « Cette fois, c'est MOI qui choisis le film ! »
   - ○ Un silence inhabituel.
2. Dire clairement ce que j'observe.
   - « Tu rentres deux heures plus tard que ce que tu avais prévu. »
   - « Tu hausses le ton quand tu parles du choix du film. »
3. Communiquer franchement ce que je ressens :
   - « J'étais inquiet. Habituellement tu m'appelles ou tu m'envoies un texto quand tu es retardé. »
   - « Tu veux être sûre que le film choisi te plaise ? »
4. Écouter la réaction de l'autre :
   - « Vas-y, explique-moi ! »
   - « Viens t'asseoir, je t'écoute. »
   - « Vide ton sac, chérie. »

FICHE #30 • SORTIR D'UNE IMPASSE

Il y a impasse quand :

Nous répétons sans cesse les mêmes commentaires.

« Je sais, je sais ! »

« Nous en avons discuté cent fois ! »

« Pourquoi ne changes-tu pas ? »

« Je suis comme ça, c'est tout. »

Nous ne réussissons pas à régler les moindres différends.

« Si tu pars tôt je ne peux pas finir mon travail. Si tu pars tard, tu manques ton train. Il n'y a rien à faire. C'est foutu ! »

« Tu veux avoir un autre enfant et je ne veux pas vivre une deuxième grossesse aussi douloureuse que la première. Alors il ne nous reste qu'à nous séparer. Prends tes affaires et va-t'en ! »

Sortir d'une impasse en quatre étapes

1. Reprendre la confrontation quand nous sommes dans des dispositions favorables.
2. Exprimer nos besoins et nos sentiments réels, les plus profonds.
3. Expliquer chacun notre situation plus précisément : fournir de l'information nouvelle.
4. Introduire un changement concret, une solution nouvelle dans la situation.

Si la confrontation n'apporte pas d'apaisement

Si nous tournons en rond :

Prendre une pause.

Réviser la première étape : comprendre nos préoccupations.

Réviser la deuxième étape : trouver des solutions nouvelles, qui nous conviennent à tous deux.

Si la frustration persiste :

Consulter un conseiller conjugal expérimenté.

Réviser les buts recherchés par chacun dans la relation.

FICHE #31 • COMMENT TERMINER UNE CONFRONTATION

Parvenir à une véritable entente

☒ NE PAS céder pour acheter la paix.

☑ Négocier des aménagements qui nous conviennent à tous les deux.

Terminer la confrontation sur une note positive

Se réconcilier

☑ Réparer :

- m'excuser, reconnaître mon erreur ;
- promettre de changer : « Je ferai attention à l'avenir » ;
- compenser matériellement, si c'est approprié.

Offrir un petit cadeau symbolique, en signe de paix :

- un bouquet de fleurs ;
- une sortie au restaurant ;
- des billets de spectacle ;
- une bouteille de champagne ;
- etc.

Rétablir le contact :

- faire de l'humour, rire ensemble ;
- sortir ;
- faire l'amour.

Précision

Faire l'amour pour éviter une confrontation, camoufler un différend n'approfondit pas la relation : ce serait refouler les insatisfactions non résolues. Nous risquons alors d'exploser plus tard ou de nous quitter sous le poids des frustrations accumulées.

Faire l'amour pour célébrer la joie d'être à nouveau sur la même longueur d'onde rapproche vraiment après avoir réglé une situation désagréable et démontré la volonté d'améliorer la relation.

FICHE #32 • TRAITER CHAQUE DIFFÉREND SELON SON IMPORTANCE

Chaque insatisfaction ne requiert pas nécessairement une confrontation, tout comme chaque escarmouche à une frontière ne requiert pas un débat d'urgence aux Nations unies !

Déterminer si l'enjeu est suffisamment important pour l'un et pour l'autre pour engager une confrontation.
Prendre d'autres mesures si l'enjeu ne vaut pas une confrontation.

Important pour moi

Laisser tomber
quand l'enjeu est peu important pour l'un et peu important pour l'autre.

S'accommoder
quand l'enjeu est très important pour l'un et peu important pour l'autre.

Compromis
quand l'enjeu est plus ou moins important pour l'un et pour l'autre.

Collaborer *
quand l'enjeu est très important pour l'un et très important pour l'autre.

Important pour toi

* **Collaborer** signifie ici : engager une confrontation pour trouver une solution satisfaisante pour l'un et pour l'autre.

FICHE #33 • VISER LA SATISFACTION OPTIMALE DE L'UN ET DE L'AUTRE

La confrontation a pour but d'apporter une satisfaction optimale à moi et à l'autre.

Pour augmenter le niveau de satisfaction, je peux offrir et demander.

Demander pour me satisfaire

Tu es insatisfait. Je suis satisfait.

Tu risques de te désengager de la relation.

Nous sommes tous deux satisfaits.

La relation grandit. Nous nous épanouissons ensemble.

Nous sommes tous deux plus ou moins satisfaits.

La relation est tiède et en survie.

Nous sommes tous deux insatisfaits.

La relation en souffre et risque de prendre fin.

Tu es satisfait. Je suis insatisfait.

Je risque de me désengager de la relation.

Offrir pour te satisfaire

LA CONFRONTATION CONSTRUCTIVE EN TROIS ÉTAPES AVEC DOUZE TECHNIQUES

Pour réussir : profiter de l'expérience des couples efficaces.

Employer précisément les étapes :

1. Me préparer seul
2. Aborder mon conjoint avec une attitude constructive.
3. Comprendre entièrement nos préoccupations.
4. Trouver des solutions.

Choisir parmi les techniques présentées celles qui nous aident à réussir notre confrontation.

FICHE #34 • PRÉALABLE : ME PRÉPARER, SEUL(E)

En solo.

Faire le point en moi-même

Préciser mes besoins.
Clarifier mes sentiments.
Formuler ce que je veux exprimer à mon conjoint :
- mes préoccupations ;
- le type de changement que je souhaite.

Questions à me poser pour faire le point :

« Est-ce que je m'occupe de moi ou est-ce que j'endosse les problèmes de quelqu'un d'autre (nos amis, ma mère, les enfants, etc.) ? »
« Ai-je un sujet de confrontation important à aborder ? »
« Son comportement me nuit-il vraiment ? »
« Ma réaction est-elle proportionnée au problème ? »
« Est-ce que je veux gagner, avoir raison ou m'entendre avec mon conjoint ? »

1re technique : Sonder mes satisfactions-insatisfactions

« Qu'est-ce qui ne va pas entre nous ? »
« Quelles insatisfactions m'éloignent de mon conjoint ? »
« Suis-je un peu, très insatisfait face à chaque situation ? »

2e technique : Choisir un sujet d'insatisfaction

« Suis-je disposé à me confronter avec mon conjoint à ce sujet ? »
« Suis-je prêt à demander un changement ? »
« Qu'est-ce que je veux améliorer ? »
« Quel est précisément le sujet de ma confrontation ? »
« Quelle est ma véritable motivation ? »
« Suis-je prêt à parler et à agir de façon constructive ? »

FICHE #35 • 1RE ÉTAPE : NOUS ORIENTER

Le duo commence ici.

3e technique : Prendre rendez-vous

Toute confrontation met en présence :

- un initiateur : la personne qui demande un changement ;
- un interlocuteur : la personne qui coopère à améliorer cette situation.

L'initiateur assume son rôle, il...

Demande une confrontation :

« Il y a quelque chose que j'aimerais régler avec toi. »

Décrit le but de la discussion :

« Je propose que nous planifiions mieux nos sorties à deux ou avec un autre couple pour que nous en tirions tous du plaisir. »

Propose un moment et un endroit :

« Nous pourrions en parler samedi matin, en prenant notre petit déjeuner tranquillement. »

4e technique : Convenir de règles de confrontation constructives

« Sommes-nous tous deux disposés à... »

- ○ *Apporter une information utile ?*
- ○ *Respecter les points sensibles de l'autre ?*
- ○ *Vérifier si nous comprenons la même chose ?*
- ○ *Régler le problème présent pour mieux vivre à l'avenir ?*
- ○ *Parvenir à une entente mutuellement satisfaisante ?*
- ○ *Faire des pauses au besoin ?*
- ○ *Discuter avec l'aide d'un conseiller si nécessaire ?*

FICHE #36 • 2E ÉTAPE : NOUS COMPRENDRE

La confrontation commence ici.

5e technique : Décrire le problème

Parler en termes concrets.
Indiquer ce que nous retirerons tous deux d'une amélioration de cette situation.

« J'aimerais que nous parlions de nos sorties à deux et avec d'autres couples.
Dans nos sorties sportives, je n'ai pas la même endurance que toi et tes amis.
Dans nos sorties culturelles, il me semble que mes préférences passent souvent en dernier.
J'aimerais que nous trouvions des façons de fonctionner qui nous apportent le plus de satisfaction possible à tous les deux. »

6e technique : Refléter

L'interlocuteur :
Dit dans ses mots ce qu'il comprend de la demande de l'initiateur.
L'initiateur :
Confirme que l'initiateur a bien compris sa demande.
Et, si nécessaire, précise son but.

7e technique : Répondre

L'interlocuteur :
Accepte ou refuse la demande de l'initiateur.
Au besoin, y apporte une modification :
« Je trouve que cette situation mérite que nous en discutions.
Pour le moment, j'aimerais que nous nous limitions aux sorties sportives.
Nous parlerons des sorties culturelles une autre fois, si tu n'y vois pas d'objection. »

8e technique : Dialoguer

Les deux partenaires, à tour de rôle :

- Expriment ce qu'ils vivent dans cette situation et les buts qu'ils y poursuivent.

    Elle : Je n'ai pas pris plaisir à notre dernière sortie, l'épreuve était trop difficile pour moi. Je suis tombée à plusieurs reprises, j'avais mal aux genoux, je souffrais alors que vous vous amusiez.

    Lui : J'avais accepté la proposition de Bertrand ; il connaît toutes les pistes de randonnée de la région.

    Elle : Je crois que je n'avais pas les chaussures adéquates pour ce parcours.

    Lui : Je n'avais pas demandé beaucoup de détails sur la piste. Je m'attendais à un sentier large et plat et nous étions dans un sentier tortueux et boueux. Bertrand lui-même ne savait pas que la piste familiale était en réparation quand il nous l'a proposée.

- S'assurent de bien comprendre ce que l'autre a exprimé à chaque intervention :

    Lui : Je me rends compte que pour toi ce n'était pas une partie de plaisir. Je n'avais pas vu à quel point tu peinais.

    Elle : Tu te fiais à Bertrand. Tu ne pouvais pas prévoir l'état de la piste, car on y faisait des réparations.

    Lui : Tu manquais d'informations pour te chausser de façon adaptée.

    Elle : Tu t'étais fié à ce que tu savais à ce moment-là.

Rester sur ce sujet jusqu'à le régler.

Planifier une autre confrontation pour un autre sujet.

NE PAS faire dérailler la confrontation, sauter d'un sujet à l'autre :

« Oui, mais toi, tu ne fais pas mieux quand tu... »

FICHE #37 • 3E ÉTAPE : NOUS ENTENDRE

Mener la confrontation à sa conclusion.

9e technique : Améliorer

Rechercher ensemble la meilleure amélioration possible.
Pour y parvenir, examiner plusieurs solutions :

« Nous renseigner davantage sur l'état de la piste. »
« Nous chausser pour les plus grands défis. »
« Je t'offrirai des chaussures de randonnée, si tu aimes ça. »
« Adapter notre itinéraire : je ferais une piste plus longue avec Bertrand et tu ferais une piste plus facile avec Biane. Nous nous retrouverions pour manger vers midi et nous prendrions la même piste l'après-midi. »
« Nous faisons des randonnées faciles en couple et des randonnées plus exigeantes entre hommes à d'autres moments. »
« Simplement adapter notre vitesse de marche pour que tout le monde s'y retrouve. »
« Commencer par des pistes faciles et progresser lentement. »

10e technique : Changer

Pour résoudre un problème, je peux :

Changer l'environnement.
Changer moi-même.
Demander à mon partenaire de changer.

Convenir de changements pour améliorer la situation :

« D'accord, je demanderai plus d'informations à Bertrand. Nous saurons mieux comment nous chausser.
Je m'assurerai que le niveau de difficulté nous convient à tous.
Si nécessaire, en cours de route, nous adapterons notre rythme ou nous prendrons des pistes différentes et nous nous retrouverons à midi.
Je t'ai promis des chaussures de randonnée, ce serait ton cadeau d'anniversaire, si tu aimes ça. Tu me diras. »

11e technique : Boucler

Confirmer que la situation est réglée et que le sujet est clos.

« C'est vraiment OK pour toi ? »
« Nous sommes prêts pour la prochaine randonnée ? »
« Tu ne m'en veux pas ? »
« C'est le mieux que nous pouvons faire pour le moment ? »

Faire la paix par un geste symbolique :

- s'embrasser ;
- s'enlacer ;
- trinquer.

FICHE #38 • POST-ÉTAPE : ÉVALUER LA CONFRONTATION

12e technique : Évaluer seul puis ensemble

Évaluer chacun notre expérience de la confrontation :

« Quelle amélioration cette confrontation apporte-t-elle à notre vie de couple ? »

« Qu'ai-je appris de cette confrontation ? Ai-je… :

- tenu compte des faits ?
- tenu compte des émotions ?
- imaginé des solutions nouvelles ?
- persisté jusqu'à satisfaire mes besoins et ceux de l'autre ? »

« Quels comportements constructifs ai-je démontrés ? »

« Quels comportements pourrais-je améliorer pour que nous nous confrontions encore mieux ? »

« Quels comportements constructifs ai-je observés chez toi ? »

« Quels comportements pourrais-tu améliorer pour que nous nous confrontions encore mieux ? »

Faire part de mon point de vue à l'autre et écouter le sien.

Parler de comportements concrets et précis.

M'appliquer à comprendre l'évaluation que l'autre me présente et non à évaluer son évaluation, ni à la contredire.

Utiliser nos évaluations pour améliorer nos confrontations.

Utiliser la grille d'évaluation

Cette grille subjective sert à identifier des comportements concrets que l'un ou l'autre a posés ou observés.

Pour chaque dimension, noter ainsi :

Très peu	*Un peu*	*Légèrement*	*Plutôt*	*Beaucoup*	*Énormément*
0	*2*	*4*	*6*	*8*	*10*

Notre confrontation était

Informative : nous avons appris des choses l'un sur l'autre.

Très peu	*Un peu*	*Légère-ment*	*Plutôt*	*Beaucoup*	*Énormé-ment*
0	2	4	6	8	10

Constructive : nous avons discuté dans un climat positif.

Très peu	*Un peu*	*Légère-ment*	*Plutôt*	*Beaucoup*	*Énormé-ment*
0	2	4	6	8	10

Coopérative : nous avons trouvé ensemble la meilleure solution.

Très peu	*Un peu*	*Légère-ment*	*Plutôt*	*Beaucoup*	*Énormé-ment*
0	2	4	6	8	10

Ma conduite

J'ai participé : j'ai été actif, engagé, attentif, intéressé.

Très peu	*Un peu*	*Légère-ment*	*Plutôt*	*Beaucoup*	*Énormé-ment*
0	2	4	6	8	10

Je me suis exprimé : j'ai dit franchement ce que je ressens.

Très peu	*Un peu*	*Légère-ment*	*Plutôt*	*Beaucoup*	*Énormé-ment*
0	2	4	6	8	10

Je t'ai compris : j'ai saisi ce que tu vis dans la situation discutée.

Très peu	*Un peu*	*Légère-ment*	*Plutôt*	*Beaucoup*	*Énormé-ment*
0	2	4	6	8	10

Je me sens

Apaisé : plus calme, détendu, serein, bien disposé.

Très peu	Un peu	Légère-ment	Plutôt	Beaucoup	Énormé-ment
0	2	4	6	8	10

Confiant : je crois que nous pouvons réussir à nous entendre.

Très peu	Un peu	Légère-ment	Plutôt	Beaucoup	Énormé-ment
0	2	4	6	8	10

Rapproché : j'éprouve des sentiments amicaux, tendres, chaleureux envers toi.

Très peu	Un peu	Légère-ment	Plutôt	Beaucoup	Énormé-ment
0	2	4	6	8	10

Je recommencerais une confrontation avec toi.

Très peu	Un peu	Légère-ment	Plutôt	Beaucoup	Énormé-ment
0	2	4	6	8	10

____ *Total sur 100.*

Comment employer l'évaluation au mieux

Enregistrer nos confrontations sur vidéo et les revoir ensemble :

Nous observer permet de découvrir beaucoup sur nos langages corporel et verbal et améliore notre lucidité.

Prêter attention à la façon dont nous discutons du sujet et non au sujet lui-même.

Arrêter l'enregistrement pour discuter d'une réaction observée.

En conclusion : viser à répéter les interventions efficaces et à améliorer les interventions inefficaces.

Noter les améliorations d'une confrontation à la suivante.

FICHE #39 • POST-ÉTAPE : RÉVISER L'ENTENTE

☑ Prévoir un moment pour faire le point, évaluer les résultats, car :

- La situation peut changer.
- La solution adoptée peut se révéler inefficace.
- Des changements peuvent demander une adaptation.

☒ NE PAS conclure qu'un des conjoints est malveillant, saboteur.

☑ Conclure que la solution trouvée n'était pas la meilleure.

Si nécessaire alors :

Examiner la situation plus en profondeur.

Trouver des solutions nouvelles vraiment satisfaisantes.

FICHE #40 • LES SUJETS DE CONFRONTATION FRÉQUENTS

Les conjoints ont de nombreux sujets importants de confrontation :

- ○ *l'attitude devant les invités*
- ○ *la course promise et oubliée*
- ○ *la fidélité*
- ○ *la ponctualité*
- ○ *le budget*
- ○ *le temps passé ensemble*
- ○ *l'éducation des enfants*
- ○ *les attentions et compliments*
- ○ *les critiques et commentaires*
- ○ *les horaires à coordonner*
- ○ *les relations avec les beaux-parents*
- ○ *les préliminaires*
- ○ *les relations sexuelles*
- ○ *les sorties*
- ○ *les vacances*
- ○ *autres*

Et d'autres sujets qui semblent moins importants :

- ○ *la clé égarée*
- ○ *la commission oubliée*
- ○ *le chien à promener*
- ○ *le langage à employer*
- ○ *le retard à un rendez-vous*
- ○ *les vêtements à porter*
- ○ *les vêtements à ramasser*
- ○ *autre*

NE PAS déterminer ce qui est important pour l'autre :

Un sujet qui me semble banal peut avoir une importance matérielle ou symbolique pour l'autre.

Exemples

« Si tu n'arrives pas à l'heure dite, je serai prise sous la pluie car on ferme toutes les portes à 17 heures pile. »

« Si tu ne te décides pas à m'épouser, pas nécessairement tout de suite, mais dans un an ou deux, mes parents, mes frères, mes sœurs me rejetteront définitivement (ce qui peu arriver dans certaines cultures.) »

Vérifier avec l'autre jusqu'à quel point tel sujet est important pour lui.

Aborder d'abord des sujets faciles :

- qui fait quoi comme tâches domestiques ?
- qui paie quoi lors de cette escapade ?
- qui invitons-nous à ce barbecue ?

Au besoin, tenir nos confrontations avec un guide : un conseiller, un formateur, des amis en qui les deux conjoints ont confiance.

FICHE #41 • LES CONFRONTATIONS À PROPOS DE LA MAISON

Les hommes et les femmes voient la maison différemment.
La femme veut y bâtir son nid.
L'homme veut y trouver son havre.
Les rénovations sont souvent l'occasion de nombreux conflits.
Plusieurs couples se séparent après de longues rénovations.
Chacun a ses goûts et sa conception du confort.

Collaborer et mettre le temps nécessaire pour parvenir à satisfaire chacun dans ce domaine où les choix ont des conséquences durables.

Il accepte de considérer sa suggestion.

Lisa	Justin
Lisa et Justin confrontent le choix d'un meuble.	
J'ai enfin trouvé le fauteuil qu'il te faut pour ton bureau à la maison.	
	Où donc ?
Chez Conforama©.	
	J'aimerais bien pouvoir me prononcer avant que tu l'achètes.
Je l'ai réservé pour quarante-huit heures.	
	Comme tu veux. On ira voir ça demain.
Je suis sûre que tu vas l'aimer.	

Il découvre que le sujet est important pour elle.

Françoise et René confrontent l'aménagement de l'atelier de ce dernier.

Françoise	**René**
Dans notre prochaine maison, ton atelier devra être séparé de la maison.	
	Mais c'est plus facile d'accès quand la maison communique avec l'atelier.
Mais la poussière que tu fais s'infiltre dans la maison et c'est très difficile à nettoyer.	
	Pourtant j'ai mis un coupe-froid sous la porte : habituellement, c'est étanche !
Viens voir ! Touche ! Tu vois : c'est une poussière collante, qui s'enlève mal.	
	C'est étonnant ! Je n'avais jamais remarqué ça !
Alors, tu comprends maintenant l'importance de ma demande ?	
	Oui, bien sûr. Je testerai différentes solutions : ou bien, comme tu dis, construire l'atelier séparé de la maison, ou bien mettre un corridor assez long entre les deux, ou encore installer un aspirateur industriel qui aspire la poussière aussitôt qu'elle est produite. Je dois tester ça !
Adopte la solution que tu veux. Mais la poussière ne doit pas entrer dans la maison !	

FICHE #42 • DÉSAMORCER UNE DISPUTE PAR LE RIRE

Parfois, nous nous rendons compte qu'une confrontation est futile, que nous faisons une montagne d'un grain de sable.

Désamorcer

Évaluer à sa juste valeur le sujet en cause.

> « Nous discutons depuis une demi-heure sur une dépense de 20 euros. Nous ne gagnons pas cher de l'heure à ce tarif ! La prochaine fois, nous comparerons les produits avant d'acheter ! Adjugé ! »

Exagérer l'importance du sujet discuté, jusqu'à en voir la futilité.
Expulser notre tension dans la discussion en cours.
Nous rendre compte que nous nous prenons trop au sérieux !

Exemple

Judith	Raphaël
Judith et Raphaël détournent leur querelle en improvisation comique.	
Je ne pourrai jamais m'épanouir comme personne à part entière si nous n'achetons pas cette voiture !	
	Et tu m'en voudras pour le reste de tes jours de t'avoir ainsi frustrée, alors que tu étais encore si jeune !
Oui. Et, si nous avons des enfants, je me vengerai sur eux pour ce cruel traitement que tu m'auras infligé !	
	Et je plaiderai la folie passagère : le juge ne m'enverra pas en prison !
Tu es aussi fou que moi. Tu ne peux pas savoir à quel point j'aime ça.	
	Je cherchais une femme assez folle pour camoufler ma propre folie !

Engager des confrontations pour rire

Utiliser les sports, les jeux de société pour plaisanter, se taquiner, se confronter pour rire, en toute complicité.

FICHE #43 • LES CONFRONTATIONS À PROPOS DE SEXUALITÉ

Le sexe est précieux dans la vie d'un couple.
La gêne à en parler a des effets néfastes ou catastrophiques.
En consultation, nous constatons que de nombreux couples se séparent en raison de simples malentendus.

Nous confronter sur ce sujet permet de nous adapter l'un à l'autre.
Nous confronter sur ce sujet nous amène à y prendre encore plus de plaisir et à mieux nous aimer.
Mener ces confrontations hors de la chambre à coucher !

Exemple

Échange révélateur entre Adèle et le conseiller

Adèle	Le conseiller
Je n'ai jamais dit à mon mari que je ne jouissais pas.	
	Pourquoi pas ?
Je crains qu'il rie de moi ou qu'il me gâche mon plaisir.	
	N'avez-vous pas fait part à votre mari de ce que vous ressentiez et de ce que vous souhaitez dans vos relations sexuelles ?
Dire ce dont j'ai besoin pour jouir me met mal à l'aise. J'aurais l'impression de quêter son affection, il me semble.	
	N'avez-vous jamais engagé une bonne confrontation à ce sujet ?
Non, nous ne nous querellons jamais. Je garde mes sentiments pour moi… Pour tout dire, j'ai trouvé ailleurs, et sans faire d'effort !	

Question : Aurais-je une préoccupation, un souhait à propos de la sexualité que je n'ai pas abordé avec mon partenaire ?

Action : Prendre rendez-vous avec mon partenaire pour en parler en toute sérénité.

Réussir nos confrontations avant, pendant et après l'amour

NE PAS transposer dans les activités sexuelles des différends non réglés dans d'autres situations de la vie à deux.

Exemples

- Le priver de sexe parce qu'il a fait des blagues salaces lors d'une soirée chez ma sœur.
- Cacher mon plaisir pour qu'il ne se croie pas très viril.
- Me montrer désintéressé du sexe depuis qu'elle a prêté notre voiture à son neveu, qui l'a gravement amochée.

NE PAS céder dans un différend pour obtenir des faveurs sexuelles.

Remettre si possible à plus tard tout problème non relié à l'harmonie sexuelle.

Si le problème ne peut attendre, nous lever et y trouver une solution ensemble.

L'art de se cajoler

Souvent nous refusons toutes formes de caresses, parce que nous ne sommes pas disposés à faire l'amour.

Évidemment, nous ne pouvons pas toujours avoir le même niveau de désir en même temps !

Ces refus déplacés nous privent de moments de tendresse dont nous pourrions tous les deux bénéficier.

Même si nous sommes fatigués, nous pouvons accepter les caresses de notre partenaire.

Nous coller l'un à l'autre procure une merveilleuse sensation de tendresse et de chaleur.

FICHE #44 • LES CONFRONTATIONS AVEC ET SUR LES ENFANTS

Éviter les stratégies nocives des parents avec les enfants

NE PAS prendre les enfants comme prétextes, complices ou alibis.
NE PAS me venger de mon conjoint en m'en prenant aux enfants.
NE PAS être excessivement sévère envers l'enfant qui a les mêmes traits de personnalité que mon conjoint.
NE PAS utiliser les enfants comme intermédiaires dans les confrontations (rôle qu'ils jouent souvent entre les parents séparés) :

> « Va dire à maman que papa doit regarder son match à la télé. »
> « Va voir si papa est de bonne humeur. »
> « Dis à ton père qu'il te remette le chèque de la pension alimentaire. »

Les enfants utilisent alors des moyens de défense

Dans une famille où règnent disputes et accrochages, les enfants apprennent à régler leurs différends par des moyens destructifs :

- Échouer à l'école.
- Faire le bébé.
- Fuguer.
- Mordre.
- Refuser de manger.
- Se déclarer malade.
- Se moquer.
- Etc.

Éviter le faux « front commun »

Faire « front commun » à tout prix fausse les confrontations.
Le parent qui accepte ou refuse une demande simplement pour dire comme l'autre parent transmet un message incohérent à ses enfants.
Les enfants décodent ce que chaque parent accepte ou n'accepte pas vraiment en observant son langage corporel.

Dire franchement ce que j'accepte vraiment amène et enseigne à communiquer de façon franche, authentique.

Parents avec chacun son point de vue

Exemple

Myrta	François
Myrta et François clarifient leur position avant de parler aux enfants.	
Myrta a dit à leur fille qu'elle ne pouvait pas aller à la fête de l'école.	François a dit à leur fille de 14 ans qu'elle pouvait aller à cette fête.
Pourquoi ne m'appuies-tu pas ?	
	Parce que je ne suis pas d'accord.
Veux-tu qu'elle pense qu'elle peut obtenir ce qu'elle veut en s'adressant à toi après que j'ai dit non ?	
	Ce n'est pas mon but. Je n'ai pas d'objection. Si tu y vois un problème, je te laisse lui expliquer tes motifs.
Cette fête se termine à minuit. À cette heure, notre fille ne serait pas en sécurité dans la rue.	
	Explique-lui ce problème de sécurité, puisque c'est ce que tu crains.
(Leur fille propose de revenir avec une amie, que sa mère vient chercher.)	
	Cette solution te rassure ?
Oui. Comme ça, tu peux y aller.	

Les enfants apprennent que chaque parent a son seuil d'acceptation et qu'ensemble ils peuvent trouver des solutions acceptables pour tous.

Question : Y a-t-il un sujet concernant l'éducation de nos enfants sur lequel nous ne sommes pas d'accord et qui serait resté sans solution ?

Action : Régler ce problème à la satisfaction de toutes les personnes concernées en identifiant d'abord les préoccupations de chacun et en trouvant ensuite une solution conviviale.

Les différends font partie de la vie de famille

Évitements, accrochages, disputes indisposent les enfants.
La confrontation constitue une forme d'éducation constructive.
Apprendre jeune à se confronter développe des compétences émotionnelles et sociales essentielles :

- s'affirmer ;
- comprendre l'autre ;
- coopérer.

Laisser les enfants assister à nos confrontations : ils apprennent que nous pouvons discuter franchement, communiquer avec une attitude constructive, nous entendre et même nous réconcilier.
Apprendre aux enfants à se confronter avec les adultes.

FICHE #45 • LES CONFRONTATIONS À PROPOS DE LA BELLE-FAMILLE

Délimiter le cercle familial

Convenir entre conjoints que la famille se gouverne à deux.
Entendre les conseils des grands-parents, les en remercier et leur signifier que les décisions nous appartiennent.
Demander de mettre fin aux répétitions des mêmes avis.
Refuser d'entendre toute critique sur son conjoint.
Mettre certains sujets hors-jeu si la communication est nuisible.

Confrontation à propos du territoire familial

Exemple

Carmen et Bradley négocient leur distance avec la belle-famille.

Carmen	Bradley
	Ta mère n'a pas à nous dire comment élever nos enfants.
Nous pouvons bien profiter de ses conseils ; c'est elle qui m'a élevée et elle a assez bien réussi, n'est-ce pas ?	
	Elle ne nous donne pas de conseils : elle ne fait que me critiquer. À son avis, je fais tout de travers parce que j'ai un tempérament différent du tien. Elle te parle à toi, tout en sachant bien que je l'entends de mon bureau !
Elle ne nous rappelle que les principes de base d'une bonne éducation.	

Carmen	**Bradley**
	Écoute ce qu'elle dit avec mes oreilles, tu entendras autre chose. Tout ce qu'elle dit, c'est que je n'ai pas assez d'autorité et que c'est à l'homme de faire régner la discipline dans la maison. En résumé, elle dit que je ne suis pas un vrai homme.
Je crois que tu exagères.	
	Je n'exagère pas. Son seul sujet de discussion, c'est que je ne suis pas assez sévère, que je ne punis pas les enfants. À son avis, c'est ce que je devrais faire, pour ressembler à ton père, qui vous punissait allègrement et parfois vous giflait. Et toi, tu écoutes ça sans rien dire. Tu sembles l'approuver : « Qui ne dit mot consent » !
Je ne dis rien pour rester polie. Ça ne veut pas dire que j'approuve ce qu'elle dit. Au fond, je pense que tes méthodes, enfin nos méthodes, sans punition sont bien meilleures. Nous obtenons ainsi la collaboration des enfants.	
	J'aimerais bien que tu lui dises ça. Et que tu lui dises qu'elle peut arrêter de répéter les mêmes choses. Nous avons compris.
Je vais essayer de lui faire part de nos choix d'une façon diplomatique.	

Question : Y a-t-il un sujet concernant la belle-famille sur lequel nous ne sommes pas d'accord et qui serait resté sans solution ?

Action : Régler ce problème à la satisfaction de toutes les personnes concernées en identifiant d'abord les préoccupations de chacun et en trouvant ensuite une solution conviviale.

FICHE #46 • LES CONFRONTATIONS DE RUPTURE

Ruptures inopportunes

La plupart des couples qui se séparent ne se sont pas confrontés une seule fois !
83 % des couples qui envisagent de se séparer et participent à la formation à la confrontation constructive restent ensemble.
Une séparation claire et saine est préférable à une relation confuse et adverse, pour les enfants comme pour les conjoints.

Pour une rupture saine

NE PAS menacer de quitter.

Engager une discussion active à propos des problèmes réels.
Avoir chacun son refuge, un endroit dans la maison pour se retirer et restaurer son énergie.
Se confronter avec l'aide d'un conseiller expérimenté si nous tournons en rond.
Noter les sujets de confrontation et les réserver pour les rencontres avec le conseiller.
Entre-temps, nous détendre, passer du bon temps ensemble.

Si nous décidons de nous séparer

NE PAS rechercher un coupable.
Chercher à comprendre le problème et à le régler au mieux.
Le seul motif de séparation s'appelle « incompatibilité » :
ce que l'un et l'autre attendent maintenant de la relation est incompatible.
Parvenir à une décision commune.
Consulter un médiateur qui nous aidera à en régler les conditions à l'amiable.
Donner chacun un sens à sa vie individuelle.

FICHE #47 • SE CONFRONTER POUR DES FRÉQUENTATIONS RÉALISTES

Le jeu des fréquentations

Nous avons appris à jouer le jeu irréaliste des fréquentations.
Nous croyons avoir trouvé la personne parfaite.
Et nous ne voulons voir que ses beaux côtés.
Nous faisons semblant que tout nous plaît chez l'autre.
Nous nous appliquons à correspondre au modèle que nous croyons que l'autre recherche.
Nous nous fions à l'impression « Je pense qu'elle aimerait... ».
Nous pouvons ressentir un coup de foudre pour une personne que nous connaissons à peine.
La personne que nous adorons est plus le fruit de notre imagination que d'une connaissance réelle.
Notre relation se fonde alors sur plusieurs malentendus.
Amoureux, nous avons peur de nous confronter ouvertement.
Après en général six mois de vie commune survient le premier différend.
L'image de la personne idéale se heurte alors à la réalité.
L'amour fait place à la déception.
Le ton change : l'un critique l'autre, qui se croit rejeté.
L'accommodement excessif crée un choc : « Tu as changé ! »
Et c'est souvent alors que les couples se séparent... avant même d'avoir mené une seule confrontation constructive !

Pour des fréquentations réalistes

Nous ne pouvons pas tout aimer chez une personne.
La confrontation construit une relation saine, fondée sur la réalité.

Engager des confrontations le plus tôt possible.
Exprimer ses insatisfactions et désaccords réels.
Vérifier si nous agissons par vraie ou fausse acceptation :

> « Est-ce que ça me convient vraiment ? »
> « Dis-tu ça ou fais-tu ça juste pour me faire plaisir ? »

FICHE #48 • NOTRE MÉTHODE DE FORMATION À LA CONFRONTATION

Développement personnel et formation à la confrontation

Céline et Bertrand face à eux-mêmes puis face à face.

Sur les instances de leurs amis, Céline et Bertrand décidèrent de participer à notre formation à la confrontation constructive. D'abord, chacun participa de son côté à un groupe de développement personnel pour mieux se connaître, avant de faire face à son conjoint.

Céline comprit que dire oui à tout l'empêchait de coopérer et d'évoluer. Elle saisit qu'elle ne pouvait accepter tout ce que son mari voulait et qu'en gardant tout pour elle elle se renfermait et s'éloignait de lui.

Elle n'avait jamais eu de confrontation avec son mari ni exprimé ses véritables sentiments. Pourtant, cela l'agaçait quand il décidait de toute leur vie sociale. Elle se raisonnait en se parlant à elle-même ! Céline hésita avant de participer à des confrontations guidées. Elle trouvait ces discussions incompatibles avec ses valeurs pacifistes. Son proverbe préféré était « La paix à tout prix ». Comme elle se « contrôlait », elle se croyait plus évoluée que son mari, qui s'exprimait sur tout et sur rien. Pour elle, la confrontation était un signe d'échec du couple. Elle préférait garder ses frustrations secrètes.

Elle s'entraîna à répondre à un homme qui joua le rôle de son mari.

Bertrand, dans son groupe, s'entraîna à décider avec sa femme et non pour elle. Il comprit qu'en organisant seul leur vie sociale il empêchait Céline de participer aux décisions, qu'il la traitait en enfant en décidant pour elle et qu'en décidant avec elle il la considérerait en partenaire.

Bertrand et Céline participèrent ensuite à un groupe où les couples règlent leurs problèmes, guidés par les formateurs. Ils apprirent à se confronter. Ils se sont apprivoisés. Céline découvrit avec surprise que Bertrand préférait la voir s'affirmer et participer aux décisions. Elle lui paraissait alors plus séduisante, ce qui enrichit leur vie sexuelle. Découvrant les joies d'une intimité véritable, Céline renonça au divorce, et avec Bertrand elle reprit leur vie de couple sur une base plus réaliste.

3

Jeux pour mieux se connaître

« PARLEZ-MOI DE VOUS ! »
RENDEZ-VOUS D'INCONNUS

But

Connaître toujours mieux notre conjoint.

Procédé

1. Nous vouvoyer.
2. Imaginer que nous nous rencontrons pour la première fois.
3. Faire plus ample connaissance en posant des questions démontrant notre intérêt de mieux connaître l'autre.
4. Répondre aux questions et se révéler à son aise.
5. Alterner questions et réponses – une question chacun son tour ou dix minutes de questionnement pour chacun.

Intégration

Échanger sur ce que nous avons appris l'un de l'autre.
Échanger sur les effets de cette façon de mieux se connaître.

Applications

Lors d'une sortie au restaurant, d'une marche en forêt ou dans le parc, d'un trajet en voiture, en train, en avion, consacrer une heure à ce rituel agrémente le moment et approfondit la connaissance que nous avons l'un de l'autre.

Exemple : rendez-vous d'inconnus

Idola	Jacob
Idola et Jacob se retrouvent.	
	Vous aimez le choix du restaurant ?
Oui, ça me convient. J'aime toute la gamme des restos asiatiques.	
	Vous me semblez une personne déterminée, qui sait ce qu'elle veut et s'affirme. Est-ce que je me trompe ?
C'est juste. Avec moi on sait où l'on va ! Avec tact, je fais savoir ce que j'aime et ce que je n'aime pas.	
	Vous appréciez toujours votre travail ?
J'aime mes responsabilités, qui consistent à réunir les techniciens pour réaliser chaque projet. J'aime moins quand je dois travailler seize heures par jour. *À mon tour. Vos enfants vous manquent ? Vous dites qu'ils ont déménagé ?*	
	Quand ils vivent dans la même ville, on garde facilement le contact : je trouve l'occasion de leur rendre de petits services ou d'improviser des visites ou des sorties. Mais à 300 km, il ne me reste pratiquement que le téléphone, et ce n'est pas mon mode de communication préféré.

Idola	Jacob
Et votre métier vous plaît toujours ?	
	Je suis fier de l'équipe que j'ai montée et de l'organisation que j'ai créée. J'en ai présenté le modèle lors d'un colloque, et mes collègues ont beaucoup apprécié. Je me donne l'année pour mettre au point un cahier des charges détaillé. Ensuite, je veux transmettre la responsabilité de la direction et terminer mes projets de création. J'ai répondu longuement.
Vos activités physiques préférées ?	
	Je pratique un peu la randonnée pédestre, cycliste, le roller, l'escalade.

Découverte : Échanger avec mon partenaire sur ce que nous avons découvert d'abord sur nous-mêmes et ensuite sur l'autre en jouant ce jeu.

Application : Approfondir notre connaissance l'un de l'autre en jouant ce jeu régulièrement.

« DIS-MOI SI JE ME TROMPE : TU... »
IMPRESSION ET VÉRIFICATION

But

Renverser la tendance à supposer, imaginer ce que l'autre pense, ressent, préfère.

Procédé

1. Tirer au hasard qui commence.
2. L'initiateur choisit un sujet sur lequel il n'est pas sûr de bien comprendre l'autre et lui dit : « Je crois que tu... Est-ce que je me trompe ? »

Exemples

« Je crois que tu aimes vraiment mieux faire l'amour le matin. Est-ce que je me trompe ? »

« Je crois que tu n'as pas envie d'aller à cette fête. Est-ce que je me trompe ? »

3. L'autre confirme, infirme, précise.

Exemples

« En fait je préfère le matin, car nous sommes plus détendus, reposés. Le soir, j'aime bien te masser, et on ne sait jamais comment ça peut finir ! »

« J'ai envie d'aller à cette fête. Mais je ne voudrais pas rentrer tard, car une grosse journée m'attend demain. »

4. L'initiateur résume ce que l'autre lui a révélé.

Exemples

« Tu préfères le matin, mais un massage le soir peut activer ton désir. »

« Tu veux aller à la fête et rentrer tôt. »

Intégration

Échanger sur ce que nous avons appris l'un de l'autre.
Noter les points où nous connaissons bien l'autre et ceux sur lesquels nous avions mal interprété certaines paroles ou certains gestes.

Applications

Lors d'une confrontation, chacun peut demander :

« Dis-moi si je me trompe. Je crois que tu... »
« Vérifie tes impressions : demande-le-moi. »

Découverte : Échanger avec mon partenaire sur ce que nous avons découvert d'abord sur nous-mêmes et ensuite sur l'autre en jouant ce jeu.

Application : Quand je ne suis pas certain de comprendre mon partenaire, NE PAS imaginer ses motifs, ses intentions, ses impressions. Lui dire ce que je crois être sa réaction et lui demander de confirmer ou d'infirmer ma perception, et de préciser sa position au besoin.

« J'AIME. JE N'AIME PAS. »
ATTRAITS ET RETRAITS

But

Partager ce qui nous rapproche et ce qui nous éloigne de l'autre.
Aimer et être aimé sans être parfait.

Procédé

1. Tirer au hasard qui commence.
2. Chacun à son tour énonce trois attraits, trois éléments qui l'attirent vers l'autre, qu'il trouve sympathiques chez l'autre, par exemple :

   « J'aime ta bonne humeur. Tu es joyeuse et ça ajoute à ma joie de vivre. »

   « Tu vois des solutions à chaque problème que nous rencontrons. Ça me rassure ; je ne crains pas de tomber en panne de n'importe quoi avec toi. »
3. Chacun son tour énonce une réserve, un élément qui l'éloigne de l'autre, qu'il trouve moins sympathique chez l'autre, par exemple :

   « Tu gardes les vêtements que tu as mis pour bricoler quand nous recevons des amis. Ça rend la rencontre moins festive. »

   « Tu parles à ta famille de situations personnelles qui me concernent, comme mon dernier bilan de santé ou mon évaluation annuelle au travail. Ça ne me dérange pas de t'en faire part, mais je n'aime pas les interprétations que les membres de ta famille en font. »

Intégration

Échanger sur ce que nous avons appris des attraits et retraits de l'autre et sur ce que nous ressentons en l'apprenant.

Applications

Faire connaître régulièrement ce qui me rapproche et ce qui m'éloigne de mon conjoint : énoncer au moins trois attraits avant d'énoncer un retrait.

Réflexion

Si j'ai choisi cette personne, c'est qu'elle a sûrement trois, cinq, dix, vingt fois plus de choses qui m'attirent que de choses qui m'éloignent !

Découverte : Échanger avec mon partenaire sur ce que nous avons découvert d'abord sur nous-mêmes et ensuite sur l'autre en jouant ce jeu.

Application : Approfondir notre connaissance l'un de l'autre en jouant ce jeu régulièrement.

« APPROCHE ! ÉLOIGNE ! »
EXPÉRIENCE DE DISTANCE OPTIMALE

But

Découvrir la distance optimale qui convient à l'un et à l'autre.

Procédé

1. Se placer à 5 m l'un de l'autre.
2. Converser.
3. Tout en conversant, l'un s'approche progressivement de l'autre jusqu'à le toucher.
4. Tout en conversant, s'éloigner de l'autre jusqu'au point où il se sent à l'aise.
5. Mesurer la distance entre les deux personnes.
6. Recommencer l'expérience, en inversant les rôles.
7. Noter la différence de distance préférée par les deux partenaires.

Intégration

Échanger sur les découvertes que nous avons faites sur la distance préférée de l'un et de l'autre.

Applications

Faire varier la distance entre nous, selon les situations.

Exemples

> « Quand j'ai eu une dure journée, j'ai besoin d'être seul dans ma bulle un moment. »
> « Quand je réussis, je relève un défi, j'aime que tu sois proche, pour partager ma joie avec toi. »

Découverte : Échanger avec mon partenaire sur ce que nous avons découvert d'abord sur nous-mêmes et ensuite sur l'autre en jouant ce jeu.

Application : Approfondir notre connaissance l'un de l'autre en jouant ce jeu régulièrement.

« METS-TOI À MA PLACE ! »
RÔLES INVERSÉS

But

Comprendre le point de vue de l'autre.
Se mettre réellement dans la peau de l'autre dans une situation.

Procédé

Choisir une situation qui nous met en relation, et de préférence en confrontation.

1re partie : L'autre, tel que je le vois

1. Improviser un échange.
2. Chacun joue le rôle de l'autre.
3. Exprimer ce que je crois que l'autre ressent.
4. Expliquer ce que je crois que l'autre pense.

2e partie : Chacun, jouant soi-même

1. Sans discuter ni commenter ni critiquer.
2. Chacun prend son propre rôle.
3. Exprime franchement ce qu'il ressent.
4. Explique clairement ce qu'il pense.

Intégration

Échanger sur les ressemblances et les différences entre notre perception de l'autre et ce qu'il éprouve réellement.
Préciser comment chacun adoptera une vision plus réaliste de l'autre.

Applications

Utiliser en préconfrontation pour définir clairement la situation, telle que chacun la perçoit.
Laisser ces découvertes faire effet avant de s'engager dans la confrontation proprement dite.

Exemple de rôles inversés

Sarah jouant Rémi	Rémi jouant Sarah
Sarah et Rémi visitent le personnage de l'autre. 1re partie	
La seule chose qui m'importe ce week-end, c'est le match. Et je serai le plus heureux des hommes quand mon équipe gagnera, j'en suis sûr.	
	La chose qui m'importe ce week-end, c'est d'aller chez ma mère, avec toute ma famille, mari compris, pour fêter la Fête des mères.
Je veux décrocher de toutes ces affaires de femme et faire une « activité masculine » : regarder le sport à la télé, en buvant de la bière et en criant aux joueurs comment jouer.	
	Je veux montrer que j'ai une belle famille, que je suis moi aussi, comme ma mère, une mère adorée par ses enfants et appréciée par son mari.
Elles peuvent toutes disparaître : pour aujourd'hui, je m'en fous. Qu'elles aillent à leur Fête des mères, je n'ai que des filles comme enfants. Quand elles reviendront nous reprendrons notre vie normale.	

Sarah jouant Rémi	**Rémi jouant Sarah**
	Il a invité sa bande de voyous et ils vont mettre mon salon sens dessus dessous. Quand je reviendrai je n'y trouverai que des bouteilles de bière, des chips écrasées sur le tapis, des pizzas refroidies sur la table !
Autant faire ce qui me plaît, inutile de discuter avec les femmes pour les choses importantes. Une affaire d'homme, ça se décide entre hommes ! Un point, c'est tout !	
	Je vais pleurer s'il ne vient pas avec moi chez ma mère. Et je monterai la tête de mes filles contre lui !

2e partie

Sarah jouant son propre rôle	**Rémi jouant son propre röle**
C'est important pour moi de fêter ma mère, d'être fêtée par mes enfants et de créer une belle chaîne entre femmes de trois générations.	
	J'aime le sport à la télé, une activité de gars. On se défoule, on se croit les meilleurs, on oublie tous nos soucis !
La présence de mon mari fait partie de ma joie à cette fête. C'est avec toi que j'ai conçu et construit cette famille dont je suis fière.	
	Et je n'ai pas honte de ce trait de caractère propre aux hommes.

Sarah	Rémi
Et j'aime partager cette joie avec ma mère, qui m'a montré le chemin pour vivre heureuse en famille.	
	Je ne cherche pas à mettre toute ma famille sous ma botte. Je suis ouvert à des arrangements. Je n'ai encore invité personne.
Je n'ose pas te demander « Viens avec moi chez ma mère. C'est une fête importante pour nous ! ».	
	Vas-y, demande-le-moi. Tu pourrais être surprise !
Alors, je te le demande.	
	Ton père aussi aime regarder le match à la télé. Je te demande trois heures. Le reste de la journée, organise-le comme tu voudras.
Bravo ! Nous allons chez ma mère. À midi nous mangeons ensemble. Puis nous allons nous promener pendant que tu regardes le match avec papa. Puis on se retrouve pour l'apéritif.	
	Marché conclu ! Tu vois, c'est simple !
Ne me fais pas parler !	
	Tu dirais que tu m'aimes encore plus que quand nous nous sommes connus, c'est ça ?
Ah ! Toi !	

Découverte : Échanger avec mon partenaire sur ce que nous avons découvert d'abord sur nous-mêmes et ensuite sur l'autre en jouant ce jeu.

Application : En cas de dissension avec mon partenaire, NE PAS argumenter indéfiniment sur ce sujet. Transformer cette situation en rôles inversés. Échanger ensuite sur les découvertes faites d'abord sur soi-même et ensuite sur l'autre lors de ce « jeu ».

« C'EST ÇA QUE JE VEUX. »
ROI/REINE D'UN JOUR

But

Prendre clairement sa part d'influence au sein du couple.
Simplifier la prise de décision.

Procédé

1. Lors d'une journée, ou d'une longue période que nous passons ensemble.
2. Déterminer qui sera « roi/reine du jour ».
3. L'autre accomplira alors tout ce que le roi/la reine lui demandera… sauf si cela transgresse ses valeurs morales profondes ou menace son intégrité physique !

Un autre jour, inverser les rôles.

Intégration

Échanger sur ce que nous avons aimé le plus et le moins dans l'expérience proposée par l'autre.

Applications

Simplifier les prises de décision.
Rendre plus réalistes les plans à faire ensemble.

Exemple A : Anne-Marie et Guy en ville un jour d'été.

« Reine d'un jour », Anne-Marie prépare un pique-nique et les maillots de bain, et nous allons à la plage municipale : baignade, volley-ball, canotage, dîner sur l'herbe et retour en chantant.

« Roi d'un jour », Guy trace une excursion à bicyclette, avec traversée sur l'île, tour de l'île, observation des oiseaux et des animaux, casse-croûte et retour les mollets bien musclés.

Exemple B : Noëlla et Benjamin sont à Florence.

« Reine d'un jour », Noëlla l'emmène visiter les musées et lui fait partager sa passion de la peinture et de la sculpture, choisit le restaurant, et le soir la sortie dans un bistro avec des musiciens.

« Roi d'un jour », Benjamin l'emmène visiter les bâtiments et lui fait partager sa passion de l'architecture, choisit le restaurant et le soir la sortie dans un petit théâtre d'avant-garde.

Découverte : Échanger avec mon partenaire sur ce que nous avons découvert d'abord sur nous-mêmes et ensuite sur l'autre en jouant ce jeu.

Application : Dans des situations quotidiennes où mon partenaire me demande de changer un comportement, essayer ce changement un certain temps. Tirer ensuite mes conclusions :

« Ce changement me convient-il ? »

« J'EN AI MARRE ! »
LIBÉRATION DE FRUSTRATIONS

But

Dégager des tensions que nous éprouvons envers d'autres personnes et qui contaminent parfois notre relation.
Nous mettre dans des dispositions favorables pour entretenir une relation harmonieuse et productive.

Procédé

1. L'un dit à l'autre « J'en ai marre ! » pour se libérer de ses frustrations.
2. L'autre l'écoute, montre qu'il comprend.
3. SANS prendre parti.
4. SANS donner de conseils.
5. SANS minimiser la frustration de l'autre.

Intégration

Observer que la personne s'apaise et change de sujet quand elle a « vidé son sac ».
C'est le signe qu'elle est disposée à entrer en relation.

Applications

En particulier quand mon conjoint rentre du travail, d'un voyage, d'une visite chez le dentiste ou au garage, me tenir disponible pour le laisser exprimer ses frustrations.
Nous en bénéficions tous les deux par la suite.

Exemple de libération de frustrations

Adrienne	Daniel
Adrienne se décharge de sa frustration devant Daniel.	
J'en ai marre de cette nouvelle directrice qui critique tout ce que nous faisons, veut tout changer et nous faire travailler à sa manière.	
	Ce ne doit pas être très agréable.
C'est l'enfer ! Elle nous donne l'impression que nous ne savons rien faire de bien, que nos méthodes sont inefficaces à l'âge numérique… tout ça parce que nous aimons garder trace de nos interventions sur papier.	
	Tu aimerais plus d'autonomie professionnelle.
Absolument ! Elle fait de la microgestion ; comme quand on supervise des gens sans diplôme, qui font des tâches répétitives.	
	Tu te sens rabaissée à un rôle d'exécutante.
Oui. Je suis professionnelle. Je n'ai pas étudié à l'université pour me faire dire quoi écrire dans quel dossier et quoi garder en archive. Et elle veut révolutionner le management en nous montrant ce qu'une femme peut faire pour réformer un service.	

Adrienne	**Daniel**
	Tu crois ?
Elle l'a dit : « Je vais leur montrer ce qu'une femme peut faire dans cette boîte de machos ! » Tout le monde l'appelle « la Matrone ». Les patrons l'envoient dans un département qui va mal et en un an elle « le remet sur la bonne voie » ! Je vais en parler aux autres filles pour déterminer l'attitude à adopter. Veux-tu me servir quelque chose à boire ? J'ai besoin de me détendre.	
	Je t'apporte ta boisson préférée.

Découverte : Échanger avec mon partenaire sur ce que nous avons découvert d'abord sur nous-mêmes et ensuite sur l'autre en jouant ce jeu.

Application : En revenant du travail ou d'une rencontre source de stress, offrir ou demander à mon partenaire un moment et l'attention nécessaires pour que nous nous libérions de nos frustrations.

« JE REVIENS ! »
RÉCONCILIATION

But

Parvenir à rétablir le lien entre nous.

Procédé

1. Après une situation où il a contrarié, indisposé l'autre...
2. L'initiateur demande à rentrer dans les bonnes grâces de l'autre. Selon la situation et son importance, il dira :
   « Pardonne-moi ! »
   « Excuse-moi ! »
   « Tournons la page, veux-tu ? Aujourd'hui est un autre jour ! »
   « Je suis désolé. La discussion a mal tourné. Je n'avais pas prévu ça. »
3. L'autre dit ce qui lui rendrait plus facile la reprise de contact, exprime ses conditions pour pardonner, demande de réparer de façon matérielle ou symbolique.
4. L'initiateur refuse ou accepte, avec ou sans condition.
5. Si nécessaire, l'initiateur offre une autre forme de réparation, jusqu'à ce qu'on parvienne ensemble à une entente véritable.
6. Les deux font la paix.

Intégration

Comprendre les besoins émotionnels que chacun peut avoir pour pardonner.

Considérer les différences d'une personne à l'autre dans ce domaine.

Applications

Échanger sincèrement sur nos réserves et nos hésitations à nous réconcilier.

Tenir compte concrètement de ces besoins personnels.

Exemple A de réconciliation

Élise et Marco se réconcilient après un malentendu et un rendez-vous manqué

Élise	Marco
Je t'ai cherché pendant une heure à l'aéroport. J'avais réservé mon après-midi pour venir te chercher !	
	Je croyais t'avoir dit que je me débrouillerais à mon retour.
Tu m'as envoyé ton itinéraire ; je suis venue te reconduire il y a un mois, comme c'était écrit. Je viens te chercher, comme c'était écrit !	
	Nous nous sommes mal compris. J'aurais pu être plus clair. Je suis désolé. Que puis-je faire pour que nous nous réconciliions ?
Je ne t'en veux pas. Paie-moi au moins le stationnement et effaçons l'ardoise !	
	D'accord. Et je t'emmène manger au restaurant. J'ai tellement de choses à te raconter !
Nous irons au restaurant une autre fois. Pour le moment, j'ai besoin d'un bain chaud. Tu me raconteras tes aventures à la maison.	

Exemple B de réconciliation

Béatrice et Mathieu se réconcilient suite à la visite des parents de ce dernier.

Béatrice	**Mathieu**
	La façon dont tu as reçu mes parents m'a embarrassé. Ils se sentaient mal à l'aise et sont repartis très vite.
J'étais lessivée. J'avais travaillé seize heures de suite. Je ne pouvais pas me mettre à cuisiner !	
	Si tu leur avais expliqué ça ils auraient compris, et moi aussi. Au lieu de nous faire la gueule.
Je ne vous ai pas fait la gueule. Je suis demeurée silencieuse, plutôt. Je vous écoutais parler. Vous aviez de l'énergie, moi pas.	
	Bon, je peux comprendre ! J'aimerais quand même que tu fasses quelque chose pour que le courant passe à nouveau entre eux et toi. Je les connais : ils ne viendront plus nous voir tant que tu ne les auras pas invités.
Moi, je veux bien les appeler, si ça te fait plaisir, et expliquer à ta mère que j'étais épuisée, que j'ai travaillé seize heures, etc. Elle comprendra ; on parle à la télé de notre manque aigu de personnel.	

Béatrice	Mathieu
	Oui, ça, ça me ferait plaisir. Et elle sera rassurée sur le fait que tu ne les détestes pas. Elle craint tellement de nous déranger.
Je lui donnerai un aperçu de mon calendrier de travail et les inviterai à venir manger un jour où j'aurai le loisir de les recevoir.	
	Tu es un amour. Tu m'en donnes toujours plus que je n'en demande. Je ne saurais pas me passer de toi. (Il l'embrasse sur le front.)

Découverte : Échanger avec mon partenaire sur ce que nous avons découvert d'abord sur nous-mêmes et ensuite sur l'autre en jouant ce jeu.

Application : Après un conflit, NE PAS passer l'éponge mécaniquement. Le régler de façon satisfaisante, apporter une réparation matérielle ou symbolique à la satisfaction de la personne affectée.

« ET MAINTENANT... ? » *RETOUR AU PRÉSENT*

But

Transformer la nostalgie du passé ou l'attente de l'avenir en énergie investie dans le présent.

Procédé

Quand l'un ou l'autre formule un élément relié au passé ou à l'avenir, l'inviter à faire le lien avec le présent, en précisant ce qu'il ressent et ce qu'il pourrait faire maintenant pour satisfaire ce besoin.

Intégration

Échanger sur les envies et les besoins que nous nous sommes découverts.

Applications

Lors d'une confrontation, quand l'un ou l'autre parle du passé et de l'avenir, trouver comment en tenir compte dans le présent.

Exemple A de retour au présent

Elle	Lui
Je me souviens du temps où nous nous sommes connus, nous allions danser plusieurs fois par semaine !	
	Et maintenant... ?
J'aimerais que nous dansions plus souvent. Et parfois, simplement en rentrant du travail, danser un quart d'heure juste nous deux !	

Exemple B de retour au présent

Elle	Lui
	Quand nous serons à la retraite, nous voyagerons ensemble, tous les deux !
Et maintenant... ?	
	Eh bien ! Si nous partions ensemble en week-end de temps à autre, j'aimerais bien !

Découverte : Échanger avec mon partenaire sur ce que nous avons découvert d'abord sur nous-mêmes et ensuite sur l'autre en jouant ce jeu.

Application : Quand j'évoque le passé ou l'avenir, boucler en exprimant ce que je veux, souhaite ou demande présentement. Si mon partenaire évoque le passé ou l'avenir, lui offrir d'exprimer ce qu'il souhaite présentement.

« QU'EST-CE QUE TU VEUX ? »
TRANSFORMATION

Situation

Nous savons et disons souvent ce que nous ne voulons pas. L'autre peut mieux nous satisfaire s'il sait ce que nous voulons.

But

Transformer nos insatisfactions en objectifs.
Obtenir plus souvent satisfaction à nos désirs et préférences.

Procédé

1. L'initiateur dit : « Je ne veux pas... » ou « Je ne veux plus... ».
2. L'autre lui dit alors : « Que veux-tu ? »
3. L'initiateur répond pour cette même situation : « Je veux... »

Intégration

Échanger sur ce que nous avons découvert :
- les désirs de chacun que nous avons précisés ;
- la différence entre dire ce que je veux et dire ce que je ne veux pas.

Applications

Quand on exprime ce qu'on ne veut pas, poser la question :
« Qu'est-ce que tu/je veux ? »

Exemple A de transformation

Elle	Lui
Je ne veux pas passer tout mon week-end à faire du rangement, du lavage et du ménage.	
	Qu'est-ce que tu veux ?
Je veux faire ma part du rangement et partager ces tâches.	

Exemple B de transformation

Elle	Lui
Je ne veux pas rentrer tard et fourbue et me retrouver sans énergie pour mon travail demain.	
	Que veux-tu ?
Je veux revenir pas trop tard. Je te ferai signe quand ce sera assez tard pour moi.	

Découverte : Échanger avec mon partenaire sur ce que nous avons découvert d'abord sur nous-mêmes et ensuite sur l'autre en jouant ce jeu.

Application : Avant et pendant que je m'exprime, me poser mentalement la question « Qu'est-ce que je veux ? ». Si mon partenaire exprime des souhaits que je ne comprends pas bien, lui demander candidement « Qu'est-ce que tu veux ? »... et en tenir compte.

« C'EST IMPORTANT POUR MOI ! »
INSISTER

But

Développer des façons constructives de persister dans ses demandes et ses réponses.

Faire progresser des discussions serrées.

Débloquer des situations prises dans une impasse.

Mettre fin aux cercles vicieux :

« Dis donc oui ! » « J'ai dit non ! »

« Pour une fois, dis oui ! » « N'insiste pas, j'ai dit non, c'est non ! », etc.

Procédé

1. NE PAS répéter.
2. À chaque fois, chacun apporte une information ou une proposition nouvelle, aussi bien pour demander que pour répondre.
3. Limiter le nombre d'échanges à un maximum de sept :
   - Nous avons observé qu'après sept échanges le dialogue devient improductif, s'enlise, et que les possibilités de changement deviennent pratiquement nulles.

Intégration

Échanger sur les moyens constructifs d'insister quand quelque chose est important à nos yeux.

Applications

Lors d'une confrontation, veiller à faire évoluer le dialogue en apportant une nouvelle information ou une nouvelle proposition à chaque intervention.

Exemple : insister

Sylvie	Gilles
Sylvie insiste auprès de Gilles pour aller à une rencontre « dix ans après ».	
Je tiens à aller à cette rencontre dix ans après notre diplôme !	
	Je ne veux pas y aller. Je vais m'ennuyer. Je ne connais personne.
Je vais te présenter à mes amis. Ils sont drôles et décontractés, tu verras.	
	Je serai là comme un étranger.
Tout comme moi : la plupart viennent accompagnés. Une moitié des gens ne se connaissent pas.	
	Et puis tu vas rencontrer ton amoureux d'alors et tu tomberas en pâmoison devant lui.
Je le rencontrerai sans doute. Je serai contente de le revoir. Mais il ne me fait plus rêver. Nous étions jeunes. Tu es le seul qui me fasse rêver, tu le sais bien.	
	Si tu me prends par les sentiments ! Mais je ne veux pas me retrouver seul au milieu d'une bande d'inconnus !
D'accord. Je m'occuperai de te faire rencontrer des gens et nous passerons un bon moment.	
	Comme tu sais si bien le faire quand nous visitons ta famille élargie.

Découverte : Échanger avec mon partenaire sur ce que nous avons découvert d'abord sur nous-mêmes et ensuite sur l'autre en jouant ce jeu.

Application : Considérer comme normal de devoir insister dans certaines situations où je demande à mon partenaire de changer ses habitudes.
NE PAS répéter la même rengaine.
Apporter un élément nouveau à chaque fois que j'aborde le sujet.
Ou demander à mon partenaire de m'expliquer un aspect nouveau afin de me convaincre de changer… si possible.

« SI J'AVAIS UNE BAGUETTE MAGIQUE... »
LE SCÉNARIO IDÉAL

But

Prendre conscience au mieux de nos désirs, préférences et aspirations.

Créer un pont entre la réalité actuelle et le possible.

Procédé

1. Quand nous faisons face à une situation que nous aimerions changer, transformer, améliorer.
2. L'initiateur ose penser la situation idéale désirée.
3. L'autre fait tout ce qu'il peut pour combler les désirs de l'initiateur dans la réalité actuelle.

Intégration

Échanger sur le fait d'affirmer clairement nos besoins et notre façon d'en tenir compte.

Applications

Lors d'une situation délicate à régler, passer par l'étape « Le scénario idéal » pour parvenir à la meilleure solution.

Exemple A de scénario idéal

Paula	Adrien
Paula et Adrien rêvent un peu.	
Dans un monde idéal, j'aurais un jour de congé entre mon dernier jour de travail et le premier jour du week-end. J'ai l'impression d'avoir besoin d'un moment de transition !	
	Voyons voir, tu pourrais terminer de travailler à 13 heures le vendredi, tu pourrais sortir voir un film, manger au restaurant, tu pourrais aller faire des longueurs de piscine pour décrocher du travail de bureau, tu pourrais t'offrir un massage, je pourrais te masser, je pourrais préparer le repas pendant que tu lis dans ton bain.
Sais-tu ce qui me ferait plaisir ? Tu viendrais me chercher au travail, je prendrais mon bain, tu ferais le repas, tu me masserais puis nous regarderions un film à la télé !	
	Si c'est tout ce qu'il faut pour te rendre heureuse, on commence dès vendredi prochain.

Exemple B de scénario idéal

Justine	Roméo

Justine et Romero explorent des possibles.

Roméo : *Tu vas me trouver égoïste, mais parfois j'aimerais ne pas avoir d'enfants. Dans un monde idéal, nous n'aurions à prendre soin que de nous deux. Ils rentreraient quand nous le voudrions et non quand ils le décideraient. Nous ne serions plus à leur service, à ouvrir notre hôtellerie, à faire un repas pour eux et leurs amis à la dernière minute, sans qu'ils aient prévenu.*

Justine : *Un week-end de congé par mois où ils s'organiseraient eux-mêmes ; à leur âge, ils savent se débrouiller pour cuisiner, ranger, sortir, rentrer. Ou ils nous préviendraient s'ils veulent recevoir leurs amis, nous diraient s'ils mangent à la maison ou non. Ou pendant toute une journée nous serions aux abonnés absents...*

Justine	**Roméo**
	Tu sais quoi ? Si nous pouvions avoir une journée par mois où nous ne nous occuperions que de nous, en amoureux, seuls au monde, seuls dans la famille. Et chaque jeudi soir, nous planifierions le week-end, préciserions quand ils sont ici, mangent ici, dorment ici et avec combien d'amis. Et nous nous tiendrions à ce plan !
Si tu proposes cela, je t'appuierai. À toi d'en parler à table ce soir !	

Découverte : Échanger avec mon partenaire sur ce que nous avons découvert d'abord sur nous-mêmes et ensuite sur l'autre en jouant ce jeu.

Application : Jouer ce jeu régulièrement pour connaître les aspirations de mon partenaire, qui changent avec le temps… et pour lui faire connaître les miennes.

« JE N'AI PAS AIMÉ LA FOIS OÙ... »
MUSÉE DE CONTRARIÉTÉS

Rituel

Une fois par année ou par saison, réviser les situations où nous ne sommes pas parvenus à notre satisfaction. Les revisiter, les considérer, puis tourner la page.

But

Lâcher prise sur des situations passées qu'on ne peut pas changer.
Prévenir des frictions, des problèmes à l'avenir.

Procédé

1. L'initiateur demande à l'autre s'il peut lui faire visiter son musée de Contrariétés.
2. L'autre refuse ou accepte, avec ou sans condition.
   « D'accord, vas-y. J'ai du temps. Tu as mon entière attention. »
   « Je ne suis pas disposée à ça en ce moment. Une autre fois. »
   « D'accord. Je peux en écouter cinq. Mais ne me parle pas de mon retard à notre mariage. »
3. L'initiateur exprime une contrariété passée, qu'il ressasse parfois :
   « Je n'ai pas aimé la fois où tu m'as fait attendre une heure à notre dixième anniversaire. Ça a dégonflé ma hâte de te retrouver. Si c'était une blague, je ne l'ai pas trouvée drôle ! »
4. L'autre démontre qu'il a compris :
   « Tu n'as pas aimé attendre une heure lors de notre dixième anniversaire. Tu perdais ton élan. »
5. L'initiateur confirme ou précise :
   « Tu m'as bien compris. C'est ça. »
   « J'ai aussi pensé à un moment que c'était une insolence, mais je voulais vivre un moment romantique plutôt qu'un moment loufoque. »

Intégration

L'initiateur exprime en quoi cela l'aide de laisser aller ses contrariétés passées.

Applications

Lors d'une confrontation, nous pouvons découvrir que l'un a éprouvé une contrariété que nous ne pouvons corriger. Permettre à l'un de l'exprimer et à l'autre de la comprendre aide à lâcher prise.

Revisiter les situations où nous ne sommes pas parvenus à satisfaction permet de revoir ces événements, d'en saisir la portée, puis de lâcher prise, de les laisser aller dans le torrent des situations qu'on ne peut maîtriser.

4

Confrontations guidées : expériences vécues

INDICATIONS

Ces dialogues ont eu lieu au bureau ou chez les couples et réunissaient alors les conjoints et le conseiller, ou encore lors d'ateliers de formation, réunissant plusieurs couples et deux formateurs.

On dit « conseiller » quand la confrontation a lieu avec le couple seul.

On dit « formateur » quand la confrontation se déroule en présence d'autres couples !

En gras, on lit les interventions du conseiller ou du formateur.

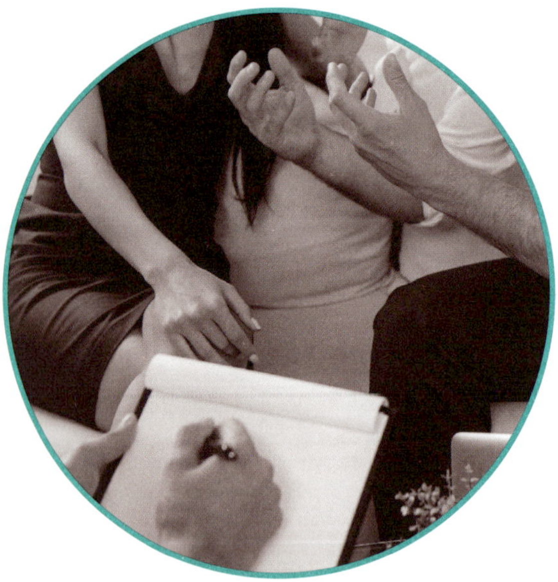

CHARLOTTE ET BERTRAND

« Nous ne nous sommes jamais disputés en vingt-deux ans ! »

Cette confrontation montre un couple qui a longtemps cru qu'il fallait à tout prix éviter de se confronter. Les insatisfactions profondes restaient incomprises : « Je t'ai acheté la plus belle maison du quartier ! » « Je tiens la maison impeccable et je m'occupe des enfants consciencieusement ! »

Les messages non dits directement étaient transmis « par la bande » : « Ne dites pas ça à votre père, il se fâcherait ! » « Votre mère est en voyage ! »

Les enfants encaissaient les tensions non résolues par leurs parents. L'aînée fit une fugue et se retrouva enceinte à 16 ans. Et le plus jeune, le plus vulnérable face à la réalité, devint malade au point de risquer de perdre la vie.

Leur confrontation fut brève, sans véritable lendemain ni changement. Leur décision finale s'est tout de même révélée meilleure que la situation, qui avait trop duré !

Devant moi, dans mon bureau, Charlotte et Bertrand. Ils ne comprennent pas ce qui leur arrive.

Charlotte	Bertrand

Vous venez me consulter suite à l'hospitalisation de votre fils de 6 ans, qui souffre d'un ulcère d'estomac perforé, un trouble qu'on voit habituellement chez des gens de 50 ans, stressés par l'ambition de gagner toujours plus et la crainte de tout perdre.

Charlotte	**Bertrand**

La psychologue a vu votre fils plusieurs fois et rencontré chacun de vos trois autres enfants. Elle a constaté une tension latente très vive au sein de votre famille. Tous vos enfants la ressentent et y réagissent différemment : votre aînée investit tout son temps dans une troupe de théâtre, votre deuxième fuit la maison pour le sport, l'avant-dernière passe sa vie dans les livres, qu'elle quitte juste pour manger avec vous, mais en silence. Votre cadet, trop petit pour trouver un exutoire en dehors de la famille, encaisse la tension qu'il ressent entre vous, car il ne peut ni la fuir ni la gérer.

Bertrand : Pourtant, en vingt-deux ans, nous ne nous sommes jamais disputés.

Et cependant votre fils est entre la vie et la mort.

Charlotte : On divorce !

Bertrand : Mais nous ne nous disputons jamais.

Charlotte : Je suis prête à sacrifier notre couple pour lui sauver la vie.

Vous ne pouvez pas continuer comme ça, pour sauver votre enfant, et aussi pour sauver votre relation, je pourrais vous aider à faire un grand ménage, par la suite vous pourriez vivre dans une atmosphère dégagée.

Bertrand : Si vous voulez nous amener à nous quereller, c'est non.

Charlotte : Nous n'allons pas nous disputer devant vous, ni devant nos enfants.

Je vous propose de vous parler franchement, sincèrement. Je vous proposerais par exemple de dire des choses comme « J'ai bien aimé quand tu... », « J'aimerais que tu... », « Est-ce trop te demander de... ? », « Je t'offre de... », « Je suis disposé à faire plus de... ».

Charlotte	**Bertrand**
(Hésitante :) *Hm... ?*	
	(Grimaçant :) *Vous ne nous amènerez pas à mettre nos tripes sur la table.*

Nos émotions sont toujours là, de toute façon. Autant en parler. Et on peut le faire sans brusquer personne, sans attaquer, dénigrer ni menacer. Au contraire en mettant des choses au clair, en découvrant des choses qu'on n'a peut-être jamais dites, en résorbant des malentendus. La tension provient de malentendus non résolus.

Charlotte	**Bertrand**
	Nous ne croyons pas que ça puisse revenir. Vous rêvez en couleurs.
(Elle soupire.)	
	Nous allons continuer la vie à deux comme toujours. Nous ferons attention. Ça va se replacer !
Je ne veux plus poursuivre la vie commune. Ça nous a amenés à presque tuer notre enfant. Ça doit avoir une fin C'est maintenant. Que nous conseillez-vous ?	
	Quel est votre avis professionnel ?

Si vous continuez à fonctionner comme vous le faites depuis des années, vous courez à un accident grave. La maladie de votre enfant, qui est présentement entre la vie et la mort, n'en est qu'un exemple. D'autres malaises apparaîtront chez tous les membres de la famille. Si vous nettoyez votre relation, vous avez des chances de vivre une relation de plus en plus harmonieuse. Je ne peux pas vous garantir que vous poursuivrez la vie à deux, mais j'ai travaillé avec de nombreux couples qui ont progressé vers une bonne entente. Que vous viviez ensemble ou non, vous aurez à assainir votre relation si vous voulez que vos enfants vivent au sein d'une famille saine, sécurisante pour eux.

Charlotte	Bertrand

(Ils quittent mon bureau rapidement, silencieusement.)

J'appris par la suite que, sans crier gare, elle lui envoya un avis de divorce. Il garda le silence. Les enfants furent forcés de prendre parti pour l'un ou l'autre.

FRANCINE ET LÉO
« Tu as détruit notre famille… ! »

Cette dispute, car ce n'est pas une confrontation puisque les conjoints se blâment l'un l'autre plutôt que de s'exprimer et de s'expliquer, fut tout de même utile. Lors de cette conversation, les conjoints sont passés de l'évitement – ne pas se parler pendant des mois – à la dispute – exprimer ses frustrations en en rendant l'autre responsable. Au moins, à la fin de cette séance de lavage de linge sale, chacun savait ce que l'autre pensait. Restait à exprimer ce que chacun ressentait et souhaitait pour leur relation.

Francine	Léo

Qu'est-ce qui vous amène ? Que puis-je faire pour vous ?

Léo : *Francine, c'était ton idée. Alors, à toi de parler !*

Oups !…

Francine : *Si tu ne veux pas parler, moi je vais parler. Tu me reproches de trop parler, mais toi, tu passes des semaines sans parler à la maison, sauf si des visiteurs viennent. Alors, tu es souriant, de bonne humeur, volubile. Puis, quand nous nous retrouvons seuls tous les deux, tu ne dis pas un traître mot.*

Tu vis chez nous comme à l'hôtel, tu rentres pour prendre ta douche, dormir, changer de vêtements, déneiger l'entrée puis repartir travailler.

Tu ne t'assois même pas un moment pour manger avec moi !

Francine	**Léo**
	Parlons-en, des repas, si tu y tiens. Je ne mange pas avec toi parce que je veux manger de bons aliments qui sentent quelque chose. Ta cuisine, depuis quelques années, a le goût de la sciure de bois.

Je veux être sûr d'enregistrer les bonnes choses. Francine dit que vous passez des semaines sans lui parler ; est-ce réel ou imaginaire ?

Francine	**Léo**
	C'est exact. J'aime mieux ne rien dire que de dire des absurdités, comme elle en dit.
Je vois, continue.	
	Je parlais de ta cuisine. C'est important d'en parler, puisque c'est la raison pour laquelle nos enfants ont quitté la maison.
Nos enfants n'ont pas quitté la maison à cause de ma cuisine. Ils ont quitté la maison à cause de la gueule que tu fais.	
	Je ne faisais pas la gueule quand ils étaient là. J'étais de bonne humeur. Je discutais, je faisais des jeux avec eux, nous faisions des travaux et des projets ensemble. Ils ont quitté la maison parce qu'ils avaient honte d'amener leurs amis ici, parce que tu les obligeais à manger des plats sans saveur et à faire la prière avec toi, plusieurs fois par jour.

Francine	Léo
Ma cuisine s'adapte aux saisons. Nous mangeons ce que la terre nous donne. En fin d'été, c'est l'abondance. En fin d'hiver, les provisions sont à la baisse et alors le choix des saveurs est plus limité.	
	Et alors nous ne devons manger que du potage au poireau et de la galette de sarrasin !
Nous mangeons des aliments purs. Nous mangeons ce que la Nature nous apporte à chaque saison ! Je n'irai pas dans les supermarchés pour nourrir ma famille avec des aliments frelatés !	
	Il y a quand même de bons aliments bio au supermarché.
Je ne me fie pas à leur étiquetage. Ils nous cachent tant de choses. Ce sont peut-être des OGM et on ne le sait pas !	
	Bon ! Avec toi, rien n'est valable à part ce que tu prépares !

Avons-nous fait le tour de la question de la nourriture ou y a-t-il autre chose à dire à ce sujet ?

Francine	Léo
	Tout a été dit.
Sauf que la question reste : nos enfants ne sont pas partis de la maison à cause de la nourriture mais à cause de ta gueule d'enterrement.	

Francine | **Léo**

Léo : *Je ne suis pas d'accord. Je concède que DEPUIS QU'ILS SONT PARTIS je n'ai plus le cœur à rire et j'ai une face d'enterrement. Je suis en deuil de notre famille. TU AS DÉTRUIT notre famille. Tu as fait fuir nos enfants avec tes prières, tes sermons incessants sur la pureté du corps, la pureté de l'esprit, les aliments propres, les pensées pieuses…*
Tu les as dégoûtés avec tes sermons. Tu leur faisais constamment la morale.

Francine : *On a besoin d'une morale si on veut avoir une bonne vie !*

Léo : *Je le sais. Moi aussi j'ai une morale. Mais je ne sermonne pas nos enfants constamment, encore moins leurs amis quand ils viennent. Je leur donne l'exemple : je suis un homme honnête, j'aide mon prochain, je m'intéresse à leurs projets, je joue avec eux, je montre que je les apprécie comme personnes, je reconnais leur valeur.*
Moi aussi, j'ai des convictions, mais je ne les impose pas aux autres, c'est ce que tu ne veux pas comprendre.
Et c'est dommage, car nos enfants ne veulent plus te voir !
(Il semble triste, puis tout à coup remet son masque agressif.)

Francine | **Léo**

Francine : *Toi non plus, ils ne veulent plus te voir, avec la tête que tu fais.*

Si vous permettez, vous cherchez à qui attribuer le départ de vos enfants. Sans mettre la faute sur l'un ou l'autre, je croirais que vos enfants vous ont quittés parce qu'ils ne pouvaient plus supporter la tension qui se dégage entre vous.

Léo : *Oui, peut-être ! Mais je ne crois pas. Et j'en ai une preuve : les enfants me parlent, ils me demandent de l'aide quand ils en ont besoin, je les dépanne et leur rends de petits services, je vais chez eux, leurs amis me connaissent et me respectent. Tu ne peux pas en dire autant !*

Vous semblez content d'avoir marqué un point contre Francine. Pour vous, c'est un match qu'il faut gagner ?

Léo : *Je ne veux pas porter la faute du départ de nos enfants. Cet été ils se sont concertés, ont cherché des moyens pour s'évader de l'emprise de leur mère, je les ai entendus discuter. Deux se sont trouvé des options d'études qui ne sont proposées que dans des villes éloignées, pas parce que ça les intéresse beaucoup mais parce que c'est loin. Et deux ont décidé d'abandonner leurs études pour aller travailler loin, pour regagner la liberté de penser qu'ils n'avaient plus à la maison.*

Francine	**Léo**
(Francine semble abattue depuis quelques minutes. Elle ne parle plus.)	

Francine, vous semblez loin d'ici. Où en êtes-vous dans vos pensées ?

Francine	**Léo**
Je suis renversée. Je ne savais pas que mes enfants appelaient et voyaient leur père, alors qu'ils ne donnent même pas signe de vie à leur propre mère. (Elle semble triste, puis tout à coup remet son masque offusqué.)	
	Si tu veux bien te mettre les yeux en face des trous, je vais te donner les dernières nouvelles : ta fille qui étudie vit avec une bande de gars et de filles et ils s'amusent follement. Tu serais scandalisée de voir leur menu ! Ta fille qui travaille dans une sandwicherie vit avec un gars et… elle est enceinte ! Quant aux gars, l'un est tombé dans l'alcool et l'autre aime bien fumer de l'herbe ! Mais au moins pour le dernier, je ne suis pas inquiet ; ça me semble une petite crise d'adolescence en retard !
(Silence.)	

Francine ?

Francine	**Léo**
Je n'en reviens pas. Vingt ans d'efforts anéantis ! Vingt ans de sacrifice pour récolter un échec total !	

Francine	**Léo**
	Voilà où mènent ton système d'éducation rigide et tes sermons incessants !
NON, NON, NON ! Tu ne me mettras pas sur les épaules ces échecs de leur éducation !	
	Que tu le veuilles ou non, c'est ça. Ils ne te parlent plus. À moi, ils me parlent, voilà. C'est comme ça.

Vous semblez content de dire ça...

	Je suis content de prouver que ce n'est pas ma faute si les enfants ont quitté la maison.
Tu n'as pas prouvé ça. Tu n'as fait que montrer le bout où tu as le beau rôle.	

Eh bien ! Je vois que vous voulez à tout prix persister à accuser l'autre d'avoir désintégré votre famille. À part plaider cette cause, autre chose vous amène ici aujourd'hui ?

	Non. Je voulais qu'elle cesse de me rendre responsable de la débandade de notre famille. Je le lui ai dit. Je le lui ai prouvé. J'ai dit ce que j'avais à dire. J'ai pu aller jusqu'au bout de mon propos, ce que je ne peux pas faire à la maison, de toute façon.

Francine, à quoi pensez-vous ?

Je révise ce que j'ai fait au cours des vingt ans où j'ai élevé mes enfants. Et je n'ai rien à me reprocher. Je me suis gardée pure et je les ai éduqués dans la pureté.	

Francine | **Léo**

Admettons que vous trouvez chacun votre éducation de vos enfants valable. Je ne suis ni juge ni arbitre. Je ne donnerai raison ni à l'un ni à l'autre. J'imagine que vous êtes venus ici pour améliorer votre relation. Quel est le plus petit geste que vous seriez prêts à poser pour abaisser la tension qui règne entre vous ?

Qu'elle arrête de me sermonner et de me questionner. J'ai tout dit ce que j'avais à dire.

Je pensais à un geste que vous pourriez offrir à poser. Mais si vous faites une demande, nous pouvons l'examiner. Francine, Léo vous demande de cesser de le questionner pour le faire parler et de cesser de lui faire des sermons. Accèdez-vous à sa demande ?

Moi, je lui fais des sermons ?

Ne fais pas l'innocente...

Laissez-la répondre. Francine, allez-vous cesser vos sermons ?

Bien, alors je n'aurai plus rien à dire ! Tu veux que je ne te parle pas, comme toi tu fais avec moi ?

Si tu n'as rien d'autre à me dire que tes sermons, j'aime mieux que tu la fermes.

La demande est claire : ne plus lui faire de sermons. C'est non, ou c'est oui, avec ou sans condition.

Si je dis oui, je mets ma condition : que toi tu me parles.

Qu'est-ce que tu veux que je te dise ?

Comment a été ta journée.

C'est sans intérêt. Je n'aime pas raconter les menus événements qui se produisent au travail.

Francine | **Léo**

Francine : *Tu pourrais me dire ce que les enfants font, ou ce qu'ils t'ont dit.*

Léo : *Je leur ai promis que ça resterait confidentiel. Même ce que je t'ai dit tout à l'heure, je n'aurais pas dû.*

Francine : *Donc, nous n'avons plus rien à nous dire ! Disons-nous adieu. Disons que nous avons eu une vingtaine de belles années ensemble mais que depuis plusieurs années nous ne nous entendons plus.*

Léo : *Il n'en est pas question !*

Et pourquoi donc ne prendriez-vous pas une certaine distance, du moins pour un certain temps ?

Léo : *Ah ! C'est ça, vous voulez qu'on se sépare. Je vous vois venir. On dit que c'est pour un moment. Mais ça ne revient jamais.*

Je ne décide rien pour vous. Je vous transmettais tout simplement la proposition de Francine. Qu'en pensez-vous ? Et pouvez-vous expliquer pourquoi ?

Léo : *Pour moi, c'est non. Notre religion nous l'interdit.*

Et vous, Francine, votre religion vous l'interdit ?

Francine : *Bien sûr. Ce que je propose, c'est tout simplement une séparation de corps. Je resterais mariée. J'irais vivre chez une cousine, par exemple.*

Léo : *Ça, c'est non !*

Si vous permettez, j'ai une question pour vous : avez-vous des relations sexuelles ?

Francine | **Léo**

Francine : *Oui. Pas aussi souvent qu'avant. Mais disons une fois par semaine. Et je le masse souvent. Ça le détend ; il travaille tellement !*

Léo : *Pourquoi demandez-vous ça ?*

Pour voir s'il reste un lien entre vous.

Léo : *Maintenant que vous le savez, que voulez-vous qu'on fasse ?*

Nous avons largement dépassé l'heure et demie prévue. Permettez que je fasse un résumé. Vous avez chacun dit comment l'autre, à votre avis, avait détruit votre famille. J'aimerais que vous voyiez ça comme une demande que chacun fait à l'autre.
Par exemple, Léo te demande, Francine, de cesser tes sermons, que tu faisais aux enfants et que tu lui fais à lui.
Par exemple, Francine te demande, Léo, de lui parler, au moins un peu.

Léo : *Si elle cesse ses sermons, peut-être, peut-être que je trouverai des choses à lui dire.*

Francine : *Si vous croyez que je communique mal parce que je fais trop de discours moralisateurs, je peux bien cesser ça. Je me demande de quoi je parlerai !*

Comme vous le voyez, tous deux vous gagneriez à vous parler un peu, pas le silence total, mais pas le sermon continuel. Vous apprendrez sûrement des choses. Essayez ça pour une semaine ou deux. Nous verrons, la prochaine fois, comment réparer encore mieux votre relation.

Francine et Léo n'ont pas demandé d'autre rendez-vous.

ÉLISABETH ET FRANK
Bref accrochage à propos de sexe

Exemple d'un accrochage, conversation faite à la sauvette, sans aller au fond de ce qu'on vit et sans progresser jusqu'à une entente. Chacun y montre ses blessures et crie « Au secours ! ». Ce peut être l'amorce d'une confrontation si on veut bien prendre le soin de se donner rendez-vous, de s'asseoir, de se comprendre et d'évoluer ensemble.

Élisabeth	Frank
Tu ne penses toujours qu'à toi !	
	Comme ça, au moins un de nous deux en profite ! (Il rit.)
Je n'ai pas le cœur à rire. L'amour, c'est important dans la vie d'une femme, tu sais.	
	Je fais ce que je peux, tu le sais !
J'ai besoin d'un peu d'attention. Ce n'est pas trop demander !	
	Je prends soin de toi. Je te fais l'amour chaque fois que tu le veux.
Tu fais ce qui t'excite, et pas nécessairement ce qui me stimule. Tu vois, il y a des différences entre un homme et une femme.	

Élisabeth, lui avez-vous déjà décrit ce qui vous excite et ce qui ne vous fait aucun effet ?

Élisabeth	Frank
Non. C'est à l'homme de prêter attention, d'explorer, de découvrir ce qui plaît à la femme.	

Élisabeth | **Frank**

Je crains ce jeu « Devine, si tu es capable ! ». S'il y a un domaine où c'est destructeur, c'est bien celui des relations sexuelles.
Nous avons appris à remplacer le jeu « Devine ! » par l'exercice « Dis-moi si je me trompe ! ».
Je vous recommande de l'utiliser souvent, jusqu'à ce que vous découvriez une nouvelle harmonie.
À vous de découvrir ce qu'il préfère, ce qu'elle préfère, ce que vous préférez et ainsi de construire votre propre répertoire amoureux.
Rappelez-vous que les préférences évoluent avec le temps, les changements corporels et émotionnels.
Je vous souhaite de bonnes discussions.

KARINE ET SIMON
« Je ne veux pas être celle qui se plaint ! »

Quel dommage de confondre « s'exprimer » et « se plaindre » ! Cette femme si charmante avec son mari comme avec tout le monde garde pour elle ses insatisfactions, qu'elle traite par la méditation, le yoga et nombre de techniques pour se détendre. Elle me dit qu'elle craint de devenir « méchante » si elle se fâche… car elle a beaucoup accumulé.

Son mari est persuadé qu'elle est très heureuse avec lui et file le parfait bonheur innocent. Lui aurait-il tendu une perche qu'elle en aurait eu beaucoup à lui dire !

(Karine et Simon, jeunes, énergiques, avancent prudemment, regardant précautionneusement aux alentours, me demandent où s'asseoir : il y a trois fauteuils pivotants, dont deux se font face. Je fais signe. Karine a convaincu Simon de venir en consultation, il traîne la patte derrière elle, comme je le vois si souvent. Elle semble irritée, il paraît impatient.)

Karine | **Simon**

Qu'est-ce qui vous amène à me consulter ?

Karine : (Prenant rapidement la parole :) *Il fait de plus en plus souvent des colères qui au début m'indisposaient, puis m'inquiétaient et maintenant m'effraient carrément. C'en est à un point tel que j'ai peur de lui !*

Et vous ne voulez pas avoir peur de la personne que vous aimez, avec qui vous vivez.

Karine | **Simon**

Karine : *Je ne sais même plus si je l'aime. Je ne suis pas capable d'aimer quelqu'un qui me fait peur. Je voudrais qu'il se calme, qu'il baisse le ton, qu'il retrouve sa bonne humeur.*

Simon : (Il se tortille sur son fauteuil.) *Pourrais-tu me répondre clairement, franchement, une fois pour toutes ? N'ai-je pas le droit de savoir, nom de Dieu !*

Karine, il est inutile de dire à Simon de se calmer, c'est comme de souffler sur un feu, ça l'alimente, l'active, le stimule.
Simon, hausser le ton n'aide pas à savoir à quoi t'en tenir : ça suscite une peur, tout simplement.

Simon : *Mais voyons, comment peux-tu avoir peur de moi ? Je suis ton mari. Nous vivons ensemble depuis huit ans. Je suis correct avec toi…*

Je vous propose une façon d'en venir à une entente, au sens strict, vous « entendre » : pour vous entendre, vous gagnez à reconnaître d'abord ce que vous vivez, à prendre le risque de le dire tel quel et à accueillir la réponse que l'autre vous fait. Placez-vous bien face à face, regardez-vous dans les yeux un moment. Décroisez les bras. Respirez.
(Après quelques minutes de réactions nerveuses, des soupirs, des tremblements, un fou rire…)
Karine, continue de regarder Simon dans les yeux et dis-lui simplement : « J'ai peur de toi maintenant. »

Karine : *Simon, je suis désolée, mais c'est vrai : j'ai peur de toi maintenant.*

Simon : *Mais voyons, Karine, ça ne se peut pas. Ça fait huit ans que je suis avec toi. J'ai toujours été correct avec toi.*

Karine | **Simon**

Simon, n'argumentez pas. On ne peut argumenter avec une émotion. Constatez tout simplement, entendez ce que Karine vous dit. Vous apprendrez quelque chose de nouveau. Si je peux vous aider, dites tout simplement : « Donc, tu as peur de moi. »

Simon : Karine, tu as peur de moi ?

Karine : Oui, c'en est à un point tel que j'ai peur de toi quand tu te fâches. J'ai l'impression que tu me détestes et que tu veux me démolir.

Attention, Karine, ne lui prêtez pas des intentions malveillantes. Restez en attente après votre « J'ai peur de toi maintenant ».
Simon, laissez-moi vous aider un peu : que ressentez-vous quand vous entendez que Karine a peur de vous ?

Simon : Mais c'est absurde, elle se trompe, je ne peux pas lui faire peur, je suis son mari, je suis toujours là pour elle...

Retournons à vous deux : regardez Karine dans les yeux, entendez qu'elle dit qu'elle a peur de vous maintenant, et dites-lui ce que vous ressentez à l'intérieur.

Simon : Je n'aime pas ça. Ça me choque.

Laissez-moi vous aider un peu : quand vous vous fâchez, c'est qu'il y a quelque chose que vous ressentez et que vous trouvez difficile à vivre. Pouvez-vous lui dire ce que vous ressentez et que vous n'aimez pas vivre, que vous aimeriez mieux éviter ?

Simon : Je n'en reviens pas. Je suis renversé, désemparé, désespéré d'entendre ma propre femme me dire qu'elle a peur de moi.

Bien, dites-le-lui.

Karine	**Simon**

Simon : *Karine, je suis désespéré, je voudrais me jeter par la fenêtre, me cogner la tête sur le mur, m'arracher les cheveux… C'est tout le contraire de ce que j'aimerais que tu ressentes envers moi.*

Et au fond, que ressentez-vous envers Karine ?

Simon : *J'essaie de la rejoindre, de l'apprivoiser, de m'approcher, si seulement elle répondait clairement à mes questions justifiées.*

Les questions, c'est risqué. Quand on questionne l'autre trop fort, il pense qu'on le surveille, qu'on l'accuse, qu'on sous-entend un reproche.

Simon : *Bien, il y a des choses que je veux savoir. Il me semble que j'ai le droit de savoir.*

Des choses qui la regardent ou des choses qui vous concernent ?

Simon : *Des choses qui me concernent, il me semble.*

Comme…

Simon : *Comme : est-ce que je lui ai fait quelque chose pour qu'elle soit distante avec moi ?*

Comme, par exemple…

Simon : *Comme, par exemple, quand j'arrive, le soir après le travail, je finis plus tard qu'elle. Depuis qu'on est ensemble, elle venait m'accueillir à la porte, je la prenais dans mes bras, je la serrais, nous prenions un moment. Je l'embrassais.*

Karine | **Simon**

Simon : *Mais depuis quelque temps, elle me tend la joue, se dégage rapidement et s'en va dans la cuisine cuisiner ou dans le salon regarder la télé. Il n'y a pourtant rien qui brûle et toutes les émissions sont enregistrées.*

Et vous voulez savoir… ?

Simon : *Qu'est-ce qui se passe, est-ce que je lui ai fait de la peine, est-ce que je l'ai choquée… ?*

C'est une question justifiée. Dans une relation chacun a besoin de savoir à quoi s'en tenir dans ce qui se passe. Alors, tentez votre chance, dites-le-lui.

Simon : *Karine, depuis quelque temps, un bon moment, tu m'accueilles à la sauvette quand j'arrive, tu me tends la joue pour un petit bisou, tu te dégages rapidement et tu changes de pièce. Avant tu me laissais te serrer, t'embrasser ; ça nettoyait ma journée de tous mes soucis, simplement de te retrouver, te voir, te toucher, te masser…*

Karine : (Karine a les yeux humides mais reste muette.)

Simon : *Alors ?*

Attendez. Laissez-la digérer ce que vous venez de lui dire. Laissez-lui le temps de trouver la vraie réponse en elle. Attendez un petit moment, Karine. Avant de répondre à la question de Simon, dites-lui ce que vous ressentez quand il vous dit ce qu'il vient de vous dire.

Karine	Simon
Ça me touche. J'ai l'impression qu'il m'aime plus que je ne l'aime ou que je ne le lui montre pas. Ça me fait comme trop chaud au cœur. Je vois qu'il m'aime et je sais que depuis un certain temps je suis impatiente avec lui ou que parfois je peux paraître indifférente.	

Vous-même, vous n'aimez pas comment vous êtes avec lui, depuis un certain temps.

Oui, hélas, je ne peux pas faire autrement.

Il n'invente pas des choses ? Il constate que vous avez changé ?

Eh bien oui. Je ne peux pas faire autrement.

Et pouvez-vous, voulez-vous le lui dire, aussi clairement que vous pouvez le ressentir ?

Simon, je change. J'essaie de me comprendre moi-même. Avant, tu étais toute ma vie. Je veux dire que dans mon cœur il y avait toi, puis notre fils, puis mes amis, puis mon travail. Et maintenant, mes amis me manquent, je voudrais leur consacrer plus de temps, je voudrais accompagner Nicolas plus souvent à ses activités, et je manque de temps. Je n'ai plus autant de temps pour toi. Je me sens fautive de t'enlever de l'attention.

Respirez un peu, Simon. Ce que Karine vous dit parle d'elle. Elle a moins de temps et d'attention pour vous. Elle ne vous accuse de rien.

Karine | **Simon**

Simon : *J'ai peine à croire ça. Je veux te demander : franchement, sincèrement, est-ce que j'ai fait quelque chose qui te déplaît ?*

Karine : *Eh bien... Rapport à la sexualité, je n'aime pas que tu me prennes comme si je t'appartenais, comme si ça t'était dû, comme...*

Attention Karine au procès d'intention. Ne lui prêtez pas de pensées, ne supposez pas. Dites-lui ce qui ne vous plaît pas, ou mieux encore ce qui vous plairait.

Karine : *J'aimerais que tu me demandes, d'une façon ou d'une autre, si j'en ai envie. Et tenir compte de ma réponse.*

Simon : *Puis-je demander quelque chose avant de répondre ?*

Ça dépend de quelle question vous voulez poser : vous avez remarqué, certaines questions coincent l'autre et d'autres ouvrent une porte pour mieux se comprendre.

Simon : *Avant je te prenais comme si nous étions l'un à l'autre, comme si nous nous étions donné l'un à l'autre pour de bon ? Est-ce que tu aimais ça avant ?*

Karine : *Oui. J'aimais ça avant. Mais j'ai changé. J'aspire à autre chose. J'aimerais me faire reconquérir.*

Simon : *Mais pourquoi ne me l'as-tu pas dit avant aujourd'hui ? Faut-il venir ici et payer ce monsieur pour que tu me le dises ? Nous sommes sur le même bateau, ne devons-nous pas savoir où l'autre se situe !*

Karine | **Simon**

Ne l'accusez pas.

Simon : *Je ne l'accuse pas. Je suis au désespoir de ne pas savoir, de lui faire de la peine sans savoir, chose que je ne voudrais pas, mais que je fais sans le savoir.*
Comprends-tu ça, Karine, je fais mal à la personne que j'aime le plus… parce que je ne sais pas. C'est comme si je t'écrasais les pieds avec mes sabots sans le savoir et pire, que je ne pouvais pas le savoir.

Karine, avant de tenir compte de ce qui vous plaît ou vous déplaît, Simon a besoin de le savoir.

Karine : *Oui, bien sûr. Mais parfois je ne le sais pas moi-même, je me cherche… Et…*

Et…

Karine : *Simon, je te l'ai dit, j'ai peur quand tu te fâches, alors je ne te dis pas des choses qui pourraient te faire de la peine, pour ne pas te fâcher.*

Simon : *Et moi, je me fâche parce que tu ne me le dis pas et que je sens, je vois, j'entends des choses qui ont changé et je n'ai pas moyen de savoir ce qui se passe entre toi et moi. Je suis comme un prisonnier qui n'a pas le droit de t'approcher ou comme un accusé au tribunal qui ne peut pas donner sa version des choses.*

Karine | **Simon**

Vous êtes pris dans un cercle infernal : Karine, vous ne lui dites pas des choses délicates à dire pour éviter qu'il ne se fâche. Simon, vous vous fâchez parce qu'elle ne répond pas à vos questions empressées. Vous êtes comme deux aveugles qui se frappent, se blessent l'un l'autre en cherchant leur chemin. Et en criant au secours, en venant ici pour vous faire face, vous commencez à savoir où vous en êtes l'un l'autre. Que retenez-vous de notre entretien ?

Simon : *Au lieu de me fâcher quand je n'ai pas de réponse, je gagne à mettre sur la table ce qui me travaille à l'intérieur.*

Karine : *Je gagne à dire ce qui m'habite pour que Simon sache où j'en suis.*

Simon : *Et pour que je puisse en tenir compte. Je ne demande pas mieux que de savoir mieux comment te plaire.*

Karine : *Oui. Je sais. Sous ta colère il y avait un appel. Et je peux calmer ta colère si je te dis ce qui m'arrive, au risque de t'indisposer.*

Simon : *Si tu ne me dis pas, c'est sûr que je suis désemparé, si tu me dis, je le serai peut-être.*

Karine : *Vaut mieux prendre le risque de la vérité que de risquer celui du malentendu*

Simon : *J'ai une nouvelle femme. Je tenterai de faire connaissance avec elle.*

Bon, mes chers aveugles fougueux, vous avez plein de choses à découvrir entre vous. Vous savez un peu comment faire. Utilisez tout ça cette semaine entre vous. À notre prochaine rencontre, nous ferons encore de nouvelles découvertes.

CONSTANCE ET ÉMILE
Cours de conduite sur l'autoroute

Situation délicate quand l'un enseigne une chose à l'autre qui l'apprend. (Nous utilisons une mise en situation semblable dans nos formations.) Elle peut être vécue comme si le supérieur s'adressait à un inférieur.

De nombreuses réactions émotives se déclenchent quand il y a un danger et que l'un craint pour la sécurité de l'autre, ou pour la sienne !

Excellente illustration d'une situation qui peut se dérouler harmonieusement si les partenaires se donnent des règles claires et mutuellement acceptables.

Constance	Émile
	Ta peur de conduire sur l'autoroute n'est pas fondée. Tu sais très bien manœuvrer. Il te reste une chose à apprendre : entrer sur l'autoroute. Tu ralentis trop et alors c'est difficile de t'insérer dans le trafic.
Tu me critiques sans arrêt. Je ne peux pas apprendre à mon rythme. Ça me ruine les nerfs... et alors je conduis moins bien ! Tu pourrais me laisser souffler quand je suis au volant !	
	Mais c'est que tu nous mets en danger quand tu t'arrêtes complètement dans une bretelle d'entrée ; tu ne parviendras jamais à la vitesse de croisière nécessaire pour entrer sur l'autoroute. Nous risquons un accident !
Continue si tu veux. Moi, je te dis que ta méthode ne fait que m'énerver, alors que tu devrais me rassurer, me guider.	

Constance | **Émile**

Émile : *Je suis peut-être trop exigeant. Je devrais progresser à ton rythme. Mais si tu veux que je te guide, quand je te dis « Vas-y ! », eh bien vas-y, bon Dieu !*

Constance : *Et si tu me laissais faire à mon rythme, sans me crier après, sans me critiquer pendant que je conduis, ça ne t'empêcherait pas de vivre !*

Émile : *Tu veux vraiment que je ne dise rien ?*

Constance : *Fais tout simplement comme la voix dans le GPS : dis-le-moi 250 m avant, 50 m avant et laisse-moi opérer.*

Émile : *Je peux faire ça. On verra ce que ça donnera.*

Constance : *Faudrait le faire plus qu'une fois, toute une journée, par exemple.*

Émile : *Je parie que…*

Constance : *Tu n'as pas le droit de parier contre moi : l'entraîneur ne parie pas contre son athlète, n'est-ce pas ?*

Émile : *J'avoue. Ta comparaison est bonne. Tu es ma championne. À moi de t'entraîner le mieux possible !*

Constance : *Et si j'ai des questions, tu me répondras.*

Émile : *Bien sûr, je ne te laisserai pas tomber.*

Constance : *J'aime mieux quand nous sommes des partenaires, comme ça, que quand tu fais le bourreau et moi la victime.*

Émile : *Si on demande un partenaire, c'est sûr que je vais postuler !*

NORMA ET MICHEL
Explication sur leurs points sensibles

Un message qui peut être blessant pour l'un est souvent une demande de l'autre, qui peut être exaspéré d'attendre.

S'entendre sur les limites à ne pas dépasser dans la communication entre conjoints est aussi important que de s'entendre sur les signaux à employer pour que deux bateaux naviguent sans se heurter.

Le temps consacré à convenir des limites à ne pas dépasser, seul à seul ou en présence d'amis ou d'invités, procure de multiples bienfaits.

Norma	Michel
	Tu m'as attaqué devant mes collègues ; nous en avons déjà parlé : ça ne se fait pas. Je ne le fais pas. Je ne te critique pas devant tes amies.
Qu'est-ce que tu voulais que je fasse ? Je t'en parle souvent, tu m'envoies promener et je me retrouve le bec à l'eau.	

Ai-je bien compris ? Vous dites à Michel : « Je dois t'attaquer sur tes points sensibles pour obtenir une réaction ! » ? N'avez-vous pas d'autres moyens d'attirer son attention ? Enfin, avez-vous réussi à améliorer votre situation ?

Norma	Michel
	Je dirais que oui. Tu m'abordes plus doucement et plus directement maintenant.

En quoi ?

Norma	Michel
Depuis quelque temps, Michel me donne l'occasion de m'exprimer ; je peux donner mon point de vue en temps et lieu. Et moi, je n'attends plus d'être au bout de mon rouleau pour lui dire ce qui ne va pas. Je n'ai donc plus besoin de lui donner des coups bas.	

Norma | **Michel**

Michel : *Et moi j'attends qu'elle soit disposée à m'entendre pour exprimer mes insatisfactions. Je ne dépasse pas ses limites. À un certain moment elle trouve qu'on a assez discuté, alors j'arrête. Nous ajournons notre confrontation.*

Donnez-nous un exemple d'une de vos confrontations réussies.

Norma : *J'ai récemment été choisie pour représenter mon entreprise à un congrès international. J'étais tellement emballée que j'ai oublié de téléphoner à Michel.*

Michel : *Tu ne répondais même pas à mes textos. J'étais complètement isolé !*

Norma : *Je me sentais encore quelqu'un de très important ! Tu m'as rappelée sans me critiquer. Tu m'as simplement demandé de t'expliquer ce qui se passait.*

Michel : *C'est là que j'ai appris qu'un événement extraordinaire m'avait fait passer en deuxième priorité. J'ai compris ça. J'avais tout simplement besoin de savoir ce qui se passait et quel rôle je jouais dans ta pièce.*

Vous vous demandiez peut-être quel rôle vous jouiez alors dans sa vie ?

Michel : *À vrai dire, mon malaise allait jusque-là !*

Norma | **Michel**

Norma : *Quand tu me l'as demandé, j'ai compris que tu pouvais partager cette joie avec moi.*

Michel : *Faut-il que je te le demande pour que tu me parles de ton expérience depuis que tu es revenue de ce congrès ?*

Norma : *Je n'ose pas t'en parler. Je sais que tu considères mes activités sans intérêt comparées à tes activités politiques. D'ailleurs, tu m'en veux de ne pas m'intéresser davantage à ce que tu fais.*

Michel : *Hors-jeu ! Ne me dis pas ce que je pensc, ce que je ressens. Comme nous l'avons appris ici, si tu veux savoir ce que je ressens vraiment, pose-moi la question directement.*

Norma : *D'accord. Alors je te pose ma question, elle est en deux parties : mes activités t'intéressent-elles, et est-ce que je m'intéresse suffisamment à tes activités à ton goût ?*

Voilà qui me plaît. C'est clair, direct, loyal. Vous assumez sa question. Et nous apprendrons la réalité de la bouche même de la personne concernée. Michel, vas-y, nous vous écoutons !

Michel : *Je suis très heureux quand je te vois réussir un projet qui t'intéresse. Je ne m'intéresse pas à la mode, qui est ta spécialité, mais je m'intéresse à toi et à tes progrès dans ta carrière. Je suis heureux de te voir réussir.*

Norma	**Michel**
	J'aimerais le même intérêt de ta part. Je ne te demande pas d'étudier ni même de comprendre les projets de loi sur lesquels je planche ou les rapports des commissions que je dois étudier en détail. J'aime simplement quand tu t'intéresses à ce que je vis dans mon travail : mes réussites, mes défis, mes découragements parfois. Tu le fais assez souvent. Tu le ferais un peu plus que je serais encore plus heureux.

ANNIE ET BENOÎT
« *Entends-tu, crois-tu ce que je te dis ?* »

Les compliments, les appréciations, si essentiels à la vie à deux !

Et pourtant, dans ce domaine, nous gagnons à améliorer nos manières de dire et d'entendre, car il y a la façon de faire, d'offrir un compliment, et il y a aussi la manière de l'accepter, de l'accueillir.

Se familiariser avec les marques d'appréciation fait une grande différence dans la vie de couple.

Annie	Benoît

Bonjour, Annie et Benoît, qu'est-ce qui vous amène ?

Benoît : Bon, si on est rendus ici, c'est que rien ne va plus. C'est que nous ne sommes plus capables de régler nos affaires par nous-mêmes.

Je vois. Je vais vous aider à régler vos affaires vous-mêmes. Je vais vous conseiller sur des façons de faire, de dire, de regarder. Je vous donne mes conseils, et pendant que vous êtes ici je vous demande d'expérimenter, d'essayer ce que je vous propose... à moins que ça ne vous cause un cas de conscience. Puis, une fois chez vous, vous ferez bien comme vous voulez. Mais encore là, je vous encourage à l'essayer à la maison. Asseyez-vous face à face. Je serai votre « coach », comme on dit dans le sport. Ça vous va ?

Annie : *Oui. J'aime bien que nous soyons face à face.*

Benoît : *Je ne demande pas mieux. Ce que j'aime le plus, c'est d'être face à toi.*

Annie : *Charmeur, va !*

Benoît : *Je ne fais pas du charme. Je te parle du fond de mon cœur. On dirait que tu n'acceptes pas mes approches, mes déclarations, mes compliments.*

Annie | **Benoît**

Attention, Benoît. Il y a plusieurs choses dans ce que tu dis et certaines peuvent en noyer d'autres.

Comme ?

1. Tu lui dis que tu l'aimes, à ta façon. Garde ça.
2. Tu as l'impression qu'Annie n'accepte pas tes déclarations. Ce serait bien si tu vérifiais ça.
3. Tu es chagriné qu'elle ne semble pas recevoir tes compliments. Ce serait bien de le lui exprimer, sans la blâmer pour autant.

Par où je commence, coach ?

Par la première déclaration.

Il n'y a rien que j'aime le plus au monde que d'être face à toi, dans tous les sens du terme. Te parler franchement les yeux dans les yeux, te regarder, te contempler, et puis te toucher, te caresser, face à face.

(Annie rougit.)

Annie, ça te touche ?

Ça me prend par surprise. Je pensais qu'on venait ici pour régler nos problèmes et il commence...

Regarde Benoît, dis-le-lui : « Tu commences... »

Tu commences par me faire des compliments, ce que tu fais très rarement.

Rajoute « à mon goût ».

... à mon goût.

Justement. Souvent quand je te complimente, tu rabaisses ce que je dis, tu te dévalorises.

Un exemple pour mieux comprendre ?

Annie | **Benoît**

Benoît : L'autre jour, je te dis « You look great! » et tu me réponds que tu n'es qu'une fleur défraîchie. (Benoît a la gorge nouée, les yeux humides.)

Dis-lui, Benoît, ce qui se passe à l'intérieur de toi.

Benoît : *« Lola », je n'aime pas que tu dises que la femme que j'aime est défraîchie. Si c'était une autre personne qui le disait, je lui ferais ravaler ses paroles.*

Parce que… ?

Benoît : *Parce que la femme que j'aime est la plus belle femme que je connaisse. Dans mon cœur c'est comme ça. Et personne ne peut me l'effacer.*

Alors, Annie ?

Annie : *C'est flatteur. Je l'apprécie. Je suis remuée. Je ne suis pas habituée.*

Tu sembles étonnée, surprise ?

Annie : *Oui, je suis surprise : il me fait si rarement des compliments.*

Tu le regardes et tu lui dis « Tu… » ou mieux encore « Je… ».

Annie : *« Uno », tu me fais rarement des compliments. Je… je… j'ai besoin de beaucoup de compliments pour vivre, je crois.*

C'est ton premier point. Quel est le deuxième ?

Annie : *« Uno », c'est le petit nom d'amour que je donne à Benoît, parce qu'il n'y en a qu'un comme lui.*

Annie | **Benoît**

Benoît : *Et moi, je l'appelle « Lola » : pour moi, Lola, c'est la déesse de l'Amour moderne.*

C'est merveilleux. Alors, ne vous gênez pas pour moi, entre vous utilisez ces petits noms affectueux. Moi je continuerai de vous appeler « Annie » et « Benoît ». Je vous tutoie, au cas où vous n'auriez pas remarqué ? Faites de même, et appelez-moi « Jacques ». Le petit nom d'amour que ma femme emploie avec moi restera un secret que je garde pour ma vie à la maison.

Benoît : *Venons-en aux compliments. Tu trouves que je t'en dis peu. Je trouve que je t'en dis peut-être pas beaucoup, mais passablement. Mais je les dis de façon poétique, publicitaire ; c'est ma façon, déformation professionnelle.*

Annie : *Tu ne dis pas que mes repas sont bons. C'est moi qui dois dire que je suis une bonne cuisinière.*

Benoît : *Je dis parfois « C'est bon », tout court, tout sec. Mais je t'ai dit : « Si tu voulais changer de carrière un jour, tu pourrais ouvrir un restaurant ! » Il me semble que ça vaut cent fois « Ton omelette est bonne ! ».*
Au bureau on me crierait bravo pour un tel slogan ; d'ailleurs je me demande si je ne l'utiliserai pas : la femme cuisine, le gars rôde autour, il picore dans les plats qu'elle prépare et lui dit « Si tu voulais changer de carrière, tu pourrais t'ouvrir un restaurant ! », et paf, on annonce le produit. Les femmes n'en reviendraient pas.

Annie | **Benoît**

Je ne comprends pas tout ce scénario.

Je gagne ma vie comme rédacteur et concepteur publicitaire. Et je suis poète à mes heures. L'un de ces métiers paie, l'autre ne paie pas.

Et Annie, je peux te demander quelle est ton occupation ? Ça m'aiderait à comprendre certaines choses que vous dites ou auxquelles vous faites allusion parfois.

Je suis galeriste. J'ai une galerie où des artistes, des peintres, des sculpteurs, des installateurs déposent leurs œuvres que les gens viennent voir et acheter. J'organise aussi des cours pour aider les artistes à révéler leur génie.

Un samedi par mois, je loue une grande salle et des artistes viennent travailler. Je ne suis pas peintre, ni sculpteur, ni installateur moi-même, bien que je peigne un peu dans mes moments libres, qui sont rares. Mais je regarde ce qu'ils font, je les vois faire leur recherche, je les fais parler et ainsi je peux les aider à révéler leur génie. Quand on révèle son génie, il y a une cohérence entre l'œuvre et la personne.

Ça me semble fascinant. Ça peut ressembler à mon approche de mon travail aussi.

Travailler avec les gens, c'est toujours fascinant.

Annie | **Benoît**

Benoît, dans mes livres on dit – et dans mon bureau j'entends souvent – que la femme préfère dix petits compliments fréquents à un gros compliment, espacé, qui lui paraît rare.

Benoît : *Bien, ça, c'est pour la moyenne des ours. Ce n'est pas pour les poètes. Moi, je peux passer deux jours à fignoler ma phrase et la dire le troisième jour. L'affaire du restaurant, c'est le cumul de mes appréciations de sa (se retournant vers Annie :) de TA cuisine.*

Annie : *Mais ce que Jacques dit explique bien des choses. Pour moi, j'aime mieux plusieurs petits mots plus souvent qu'une phrase culte une fois par mois.*

Benoît : *Je veux bien faire un effort, mais ce n'est pas tellement dans mon tempérament.*

Annie : *Mais si tu dois faire un effort, laisse faire. Je n'en demande pas tant. Si c'est si difficile pour toi de me dire que tu m'apprécies, et pas seulement au lit, laisse tomber.*

Oups ! Madame n'est pas contente ! Annie, qu'est-ce qui fait monter ta tension à ce point ?

Annie : *Il dit…*

« Benoît, tu me dis… »

Annie : (Se retournant vers Benoît :) *Tu me dis que ça te demande un EFFORT de m'apprécier.*

Annie	**Benoît**
	Non, non, non. Je t'apprécie, je t'aime, est-ce clair, quand vas-tu le comprendre ? Mais ça peut me demander un effort de changer mon rythme et au lieu de chercher la formule poétique de te dire ça dans un style banal, ordinaire, quotidien.

Monsieur aussi n'est pas content. Qu'est-ce qui fait monter ta tension comme ça ?

	(Se retournant vers Annie :) *J'ai l'impression que je ne réussirai jamais à te faire saisir que je t'aime. Et cela, c'est le plus grand drame de ma vie.*
(Silence.)	

Annie... ?

Je ne sais pas. Je cherche en moi la réponse. J'essaie de me comprendre moi-même.	

Si ça ne vise pas Benoît, si tu ne le désignes pas comme le coupable dans la situation, ce serait bien que tu lui fasses part de ta réflexion. C'est aussi ça, l'intimité, laisser l'autre s'approcher de nous quand on se cherche.

Je ne sais pas. J'ai l'impression que je ne suis pas assez pour toi.	
	Pardon ? Où vas-tu chercher ça ?
Je suis une autodidacte. Toi, tu as des grands diplômes, tu enseignes à l'université les soirs. Je n'ai rien de tout ça.	
	Mais tu délires.

« Je... »

Annie | **Benoît**

Benoît : *Je n'en reviens pas. Je ne juge pas les gens par leurs diplômes. Je ne t'aime pas pour tes diplômes, pour le succès de ta galerie et de tes ateliers mensuels. D'ailleurs, si tu te souviens, je t'ai fréquentée longtemps sans savoir comment tu gagnais ta vie et je ne te l'ai jamais demandé. C'est toi que j'aime, toi comme personne, et sans jeu de mots, je t'aime comme personne.*

Annie : *Mais c'est en dedans de moi, j'ai besoin d'être appréciée, d'être rassurée, d'être reconnue, d'être choyée peut-être. J'ai besoin que tu me confirmes que tu es là pour moi.*

Benoît : *Mais grand Dieu, j'ai l'impression de le faire tous les jours. Quand j'arrive le soir, ou quand tu arrives, selon qui arrive le premier, je te masse les épaules, le cou, le dos. Je ne dis pas grand-chose mais je te parle avec mes mains. Souvent au salon, je te masse les pieds, les jambes.*

Annie : *Je comprends, ça t'excite.*

Benoît : *Pardon ! Je ne dirai pas que ça ne m'excite pas, ça m'excite parfois. Mais la plupart du temps, je te masse pour te détendre, te faire du bien.*

Annie | **Benoît**

Je ne dirai pas que je n'aime pas tes mains sur moi. S'il y a quelque chose que j'aime, c'est bien ça. Mais c'est différent.

Je crois que nous avons un problème de traduction ici. L'un ou l'une envoie un message à l'autre qui saisit le message différemment de ce que le premier, la première voulait transmettre. Chacun se fait son image ; et il me semble que souvent l'image envoyée n'est pas l'image reçue. Je crois que les quelques éclaircissements d'aujourd'hui vous aideront à mieux vous comprendre et vous rejoindre. Et nous pourrions continuer d'autres éclaircissements la semaine prochaine. Ça vous va ?

Oui, pour aujourd'hui ça suffira. Ça demande un effort quand même.

Tu as dit « effort ».

Eh bien oui. Je veux dire que ça demande beaucoup d'attention à l'autre et à soi-même aussi.

Que retenez-vous chacun ? Qu'allez-vous dire ou faire autrement cette semaine ?

Moi, je vais accorder plus de… de valeur aux propos que Benoît m'envoie.

Moi, je vais, comment dire, traduire plus fréquemment ce que je ressens, sans nécessairement avoir trouvé la formule percutante.

Alors on se revoit la semaine prochaine, même jour, même heure ?

D'accord.

OK.

ROLANDE ET ANTOINE
Désaccord sur la route à prendre

Même dans les petites choses toute la relation est en jeu.

La façon dont on s'adresse à l'autre colore la relation. « Tu me dis que j'ai fait une erreur sur le ton du sergent qui parle à la recrue, et je pense que tu me considères nulle ! »

Chaque mot, chaque ton de voix révèle quelque chose et produit un effet.

De combien d'explications avons-nous besoin pour mettre au clair ce que cette phrase signifie pour toi et pour moi ? Prenons le temps de nous en parler, nous passerons un bien meilleur moment ensemble.

À noter : pour progresser, trouver une petite amélioration que nous pouvons appliquer dès maintenant est plus efficace que d'attendre une transformation intégrale. Et c'est le chemin du progrès à deux : demander un petit changement, l'obtenir, se réjouir de voir que l'autre tient compte de ce qu'on lui demande.

Rolande : *Tu te penses fin, tu crois tout savoir, parce que tu as un doctorat, tout ce que je dis n'a pas de valeur parce que je n'ai pas de grands diplômes comme toi.*

Antoine : *Ne me mets pas sur le dos ton manque de confiance en toi à cause de tes petits diplômes, je n'y suis pour rien.*

Rolande : *Avec tes grands termes scientifiques, tu réussis toujours à noyer le poisson et à prouver que ça ne sert à rien de changer quoi que ce soit.*

Rolande — **Antoine**

Antoine : *Tu aimes mieux te plaindre et mettre sur le compte de mes exposés ton incapacité à t'affirmer.*

Rolande : *Je sais m'affirmer devant des personnes conciliantes, mes collègues de travail te le confirmeraient, mais m'affirmer devant un macho comme toi, je n'ai pas de temps à perdre à me cogner la tête sur un mur de béton !*

Antoine : *Quand on veut se débarrasser de son chien, on dit qu'il a la rage !*

Rolande : *Un autre de tes fameux proverbes pour t'éviter de discuter face à face avec moi !*

Vous voulez continuer longtemps encore comme ça à vous invectiver ? Dites-le-moi ! Vous n'avez pas besoin de moi pour faire ça. Je peux aller me promener un peu et revenir quand vous serez épuisés.

Antoine : *Mais n'est-ce pas ce que vous recommandez, d'exprimer nos frustrations, d'expulser nos tensions ?*

Rolande : *Vous dites qu'il vaut mieux ne pas refouler nos insatisfactions. Je peux vous dire que j'en ai refoulé un paquet depuis vingt-deux ans que je vis avec monsieur !*

Antoine : *Bon ! Alors, n'est-ce pas ce que nous faisions ?*

Comprenons-nous bien ! Je vous recommande d'exprimer vos insatisfactions, non de défouler vos frustrations, et de préférence au fur et à mesure. Si vous avez accumulé depuis vingt-deux ans, il y a du travail à faire !

Antoine : *Quelle est la différence ?*

Rolande | **Antoine**

Rolande : *Pour une fois que je pouvais dire le fond de ma pensée, vous m'arrêtez après à peine deux minutes !*

Précisons : ce que vous faisiez, c'était de vous adresser des reproches l'un à l'autre. Sous couvert de jouer au psy, vous faisiez ce que nous appelons de la « psychanalyse sauvage ». Vous utilisiez des termes d'analyse psychologique, vous vous insultiez l'un l'autre, vous vous rabaissiez, vous vous dévalorisiez. Alors halte à ces mauvaises habitudes !

Antoine : *Puisque vous le dites, vous êtes l'expert !*

Rolande : *Je ne peux plus rien dire ?*

Dans une confrontation, une discussion constructive, on dit ce qu'on aime, ce qu'on aimerait et on voit comment on peut y arriver ensemble. Bon ! Au travail ! Prenons une situation simple, courante, que vous vivez souvent. Vous allez reprendre cette situation ici devant moi et je vous guiderai à chaque pas pour atteindre ce but. Ça vous va ?

Rolande : *Quand nous voyageons en voiture, je tiens la carte routière, je « pilote ». Mais à chaque fois que je lui indique où tourner, il fait le contraire !*

Antoine : *C'est une situation insignifiante. Tu n'as pas le sens de l'orientation, comme toutes les femmes d'ailleurs. Il y a un livre sur ce sujet, « Pourquoi les femmes ne savent pas lire les cartes routières ».*

Rolande : *Et vas-y, dis le reste du titre : « Pourquoi les hommes n'écoutent pas ! »*

Bon, ça va, le combat littéraire ! Vous jouez à avoir raison CONTRE l'autre. Ça ne vous avancera pas ; ça ne réussira qu'à vous braquer l'un contre l'autre, vous éloigner, ça n'est pas ce que vous voulez en venant ici ?

Rolande | **Antoine**

Ouf ! Il y a du travail à faire !

Mais le titre du livre dit bien que les femmes ne savent pas...

Antoine, range ta hache de guerre !
Revenons à notre tâche. Nous recherchons une situation simple, courante, où vous vous disputez sans résultat. Nous avions la situation « Quel chemin prendre ? ».

C'est banal !

As-tu mieux à dire ? Si tu as une meilleure situation à proposer, dis-la. Mais si tu n'as que des critiques à faire, comme « C'est banal ! C'est insignifiant ! », passe à autre chose. Moi, je propose, fais-en autant !

Madame prend de l'assurance.
Je dois lui donner raison. Inutile, et même nuisible, de rabaisser ce qu'elle propose. Mais proposer à ton tour, ce serait bien. Tu as une autre situation à l'esprit ?

Je ne vois pas. Prenons celle-là ! Puisqu'il en faut une !

Bon, allons-y ! « Quel chemin prendre ? » Prenez place ! Asseyez-vous l'un à côté de l'autre, comme si vous étiez en voiture. Allez-y, discutez, comme d'habitude.
Trois, deux, un, action !

Arrête là. Il y a un panneau. Nous sommes à la croisée de la 226 et de la 113. Tourne à droite.

Mais nous n'avons fait que 4 ou 5 km, c'est bien plus loin.

Toujours ta tête dure ! Tu me demandes d'agir comme copilote et tu ne fais pas ce que je te dis. Merde !

Rolande	Antoine

Oups ! Je dois te rappeler à l'ordre, Rolande. Ne le dénigre pas, ne dis pas « tête dure » ou autre faux compliment. Dis-lui ce qui va, ce qui ne va pas, ce que tu aimerais...

Rolande	Antoine
	Tu vois !

Hors-jeu, Antoine ! Ne dis rien pour narguer ta conjointe. Dis-lui des choses pour faire progresser la discussion. Alors, Rolande, qu'est-ce qui ne va pas ?

Rolande	Antoine
Ce qui ne va pas, c'est que je suis la copilote, celle qui dit au conducteur où aller, et il n'y va pas. Toi tu contrôles le véhicule, moi je dirige le trajet.	
	Mais si tu me dis des choses qui n'ont pas de sens, je ne vois pas pourquoi j'obéirais aveuglément.
Voilà, si ça ne s'appelle pas « tête dure », je ne sais pas comment ça s'appelle !	

Attention, Rolande ! Que veux-tu, au fond ?

Rolande	Antoine
Quand je te dis « Tourne à droite », tourne à droite. Je pilote, tu conduis.	
	Tu me fais des suggestions. Je les accepte ou les rejette, comme je veux. Tu es mon aide et non mon patron.

Antoine, si tu transformais ces « tu » en « je » ?

Rolande	Antoine
	Je n'ai pas besoin de quelqu'un qui me dira où aller. J'ai besoin de quelqu'un qui vérifiera le trajet, quand je ne vois pas, je ne sais plus quelle direction prendre.

Alors, tu redéfinis le rôle de la copilote ? Je crois que vous ne vous entendez pas sur les rôles respectifs du conducteur et du pilote. Si vous pouviez les définir plus clairement et vous entendre sur la fonction de chacun, ça pourrait marcher.

Rolande	**Antoine**
Moi, je suis le trajet sur la carte, je dirige le conducteur.	
	Je ne suis pas d'accord. Je ne veux pas d'aide quand je n'ai pas besoin d'aide. Je sais où je vais, j'y suis allé plusieurs fois.
Il faisait jour quand tu y es allé. Maintenant il fait nuit ; je vois mieux le trajet sur la carte que toi sur la route. Nous sommes en pleine campagne, les points de repère sont rares.	
	J'ai l'expérience de la conduite dans la région. Tu ne l'as pas.
Mais plusieurs fois, nous nous sommes perdus. Et nous avons tourné en rond, des kilomètres et des kilomètres, et pas seulement dans cette région-ci !	
	Plusieurs fois ! Peut-être une fois, deux au plus !
Je peux te rappeler au moins quatre fois, et ça juste au cours du dernier mois. Quand nous sommes allés au chalet de...	

Nous n'allons pas argumenter sur le nombre de fois : un peu, beaucoup, passionnément. Vous feriez deux bons avocats pour plaider le pour et le contre. Concentrons-nous sur le problème que cela vous pose. Antoine, laisse ton cerveau scientifique et ton talent de plaideur au vestiaire pour un moment. Concentre-toi sur l'insatisfaction, le malaise que tel comportement entraîne chez l'autre. Alors, que ressent ta compagne quand vous vous perdez ?

Rolande	Antoine
	Elle panique, elle s'inquiète, elle est mal à l'aise, j'imagine.

Rolande, est-ce qu'Antoine comprend bien ta frustration ?

Rolande	Antoine
Oui, ça ressemble à ça.	

Fais-lui un petit bisou sur l'oreille ou sur la tête, parce qu'il t'a bien écoutée et comprise.

Rolande	Antoine
Pour de vrai ?	

Oui, pour montrer que tu apprécies son attention à ton égard.

Rolande	Antoine
(Elle fait un petit bisou sur le front d'Antoine.)	

Et toi, Rolande, comprends-tu ce qui amène Antoine à ne pas vouloir tourner quand tu lui dis de le faire ?

Rolande	Antoine
Il ne veut tout simplement pas m'obéir à moi, faire ce que je lui dis.	

Cherche, précise encore un peu. Regarde-le, tu auras peut-être un indice.

Rolande	Antoine
Antoine, tu es mal à l'aise que je t'aide quand tu ne ressens pas le besoin d'une aide. Tu veux mener ta barque toi-même.	

Antoine, est-ce que Rolande comprend ta frustration ?

Rolande	Antoine
	Ça s'approche de ça. Je n'aime pas qu'on m'aide quand je n'ai pas besoin d'aide.

Alors, fais un petit bisou à Rolande, sur l'oreille ou sur la tête, puisque tu apprécies son écoute et sa compréhension.

Rolande	Antoine
	Tout ce qu'on peut nous faire faire ! (Antoine fait un petit bisou sur le front de Rolande.)

Dites-moi. Je suis curieux. Pourquoi n'employez-vous pas un GPS ? Il me semble que ce petit accessoire pourrait régler vos différends sur la route.

Rolande | **Antoine**

Rolande : *Ça n'est pas mieux. La voix du GPS lui dit de tourner et il ne tourne pas ! Mon mari est un explorateur : il veut tracer son chemin lui-même.*

Antoine : *Et dans la campagne où nous étions, le GPS n'a pas l'information.*

Oubliez ça. Je n'ai rien dit. De quoi je me mêle ! Résumons. S'il vous plaît, chacun à votre tour, résumez l'ensemble de la situation. En d'autres mots, quel est le problème ?

Rolande : *Eh bien, il me demande de lui indiquer le chemin et il n'accepte pas mes indications.*

Parce que...

Rolande : *Parce qu'il trouve qu'il n'a pas besoin d'aide et veut rester maître à bord.*

Antoine, un résumé.

Antoine : *J'embauche une copilote pour m'aider quand je ne sais pas où aller. Elle n'aime pas que je ne suive pas ses indications à la lettre.*

Parce que...

Antoine : *Elle s'inquiète que nous nous perdions, comme c'est déjà arrivé, plus d'une fois.*

Vous avez quelque chose à ajouter ?

Rolande : *Il a assez bien compris.*

Antoine : *C'est assez fidèle.*

Rolande, je reviens à toi. C'est toi qui es insatisfaite. C'est toi qui demandes un changement. C'est l'heure de t'affirmer, à nouveau. Quel est le plus petit changement que tu pourrais demander ? Regarde Antoine et demande-le-lui.

Rolande | **Antoine**

Rolande : *Antoine, quand nous ne sommes pas d'accord sur le chemin à prendre, je voudrais que nous nous arrêtions, pour que tu puisses au moins voir sur la carte ce que je t'indique.*

Antoine, comme réponse, tu peux dire « Je refuse » et expliquer pourquoi, « J'accepte » ou « J'accepte à condition... » et alors expliquer ta condition.

Antoine : *Eh bien... j'accepte... à condition que... tu me laisses prendre le chemin que je veux prendre, après que tu m'auras montré la carte.*

Rolande : *Puis-je ajouter une condition, moi aussi ?*

Dis toujours. Tu verras la réponse que tu obtiendras.

Rolande : *À condition que tu prennes le chemin sur lequel nous nous serons mis d'accord.*

Antoine : *Oh ! C'est trop demander ! Ce que je peux te garantir, c'est que je te dirai pourquoi je ne suis pas ton indication si je choisis de ne pas la suivre. Par exemple, je te dirai : « Je connais ce chemin. Je suis déjà passé par ici plusieurs fois. »*

Rolande : *Alors tu dois accepter que je te le dise si nous nous sommes perdus ou si nous avons fait un détour.*

Antoine : *Si tu me fais une affirmation scientifique comme « J'évalue que le chemin que tu as pris nous a rallongés de 6 km comparé à mon indication », sans me traiter de tous les noms !*

Rolande	**Antoine**

D'accord. Je vais te le dire une fois, sans retourner le couteau dans la plaie.

Pouvons-nous dire que vous avez réglé ce problème ?
Êtes-vous parvenus à une entente ?

Oui. Je suis d'accord.

Parce que...

Parce qu'il trouve qu'il n'a pas besoin d'aide et veut rester maître à bord.

Nous avons une entente.

Je vais résumer votre entente.
Vous me direz si c'est clair et exact.
Quand vous n'êtes pas d'accord sur la direction à prendre, vous vous arrêtez, vous examinez ensemble la carte routière sur laquelle Rolande fonde son indication, Antoine suit l'indication de Rolande ou donne ses raisons pour ne pas la suivre.
Une fois le trajet parcouru, Rolande pourra dire une fois et sans dénigrer : « Je crois que cette fois nous nous sommes rallongés de x kilomètres en passant par la 220 ouest plutôt que par la 115 nord », par exemple.
C'est votre contrat ?

Je ferai ça tel quel.

C'est exact. C'est clair.

Que retenez-vous de cette confrontation ?
Quelles leçons en tirez-vous pour l'avenir ?

NE PAS le traiter de tous les noms.
Dire quel est mon problème.
Dire une fois, pas plus, qu'il a fait un détour.

Rolande	Antoine
	NE PAS traiter ça comme un procès. *Comprendre pourquoi elle est mal à l'aise.* *Refuser ou accepter sa proposition, avec ou sans condition.*

Appliquez ça. Si vous pouvez, traitez d'autres sujets de la même manière.
La prochaine fois, nous aborderons une situation qui vous stresse davantage.

D'accord. À la prochaine.	
	On verra bien !

FATIMA ET BOBBY
Désaccord sur les dépenses des enfants

La façon dont l'autre s'occupe de nos enfants, les êtres qui nous sont le plus chers, déclenche des réactions très profondes. Tout doit être traité avec attention dans ce domaine.

Et si on le combine à l'argent, nous avons matière à une solide confrontation.

Puisque nous sommes deux parents, il vaut mieux nous réjouir que nos enfants aient deux modèles à imiter, deux points de vue sur la vie pour les comparer, les combiner, prendre le meilleur des deux, selon la vision de leur génération.

Alors nous gagnons à reconnaître que ce ne sont pas mes enfants, ceux que j'aimerais façonner à ma manière, ni tes enfants, que tu aimerais fabriquer à ton goût, mais nos enfants, le résultat de nos génétiques physiques et de nos profils psychologiques.

Donc, combinons nos points de vue, assouplissons nos normes et donnons-leur un filet à la fois solide et flexible où ils se sentiront en sécurité. Il y a bien une combinaison de tes idées et des miennes qui pourra marcher !

Fatima	Bobby
	Nos enfants n'apprennent pas la valeur de l'argent. Je n'aime pas du tout la façon dont ils le dépensent.
À leur âge, ils s'amusent. Ils apprendront ça plus tard.	
	Tu les gâtes trop. Tu leur donnes l'impression que l'argent pousse dans les arbres.
Tu pourrais commencer par leur donner l'exemple en dépensant moins pour tes gadgets électroniques.	

Fatima | **Bobby**

Bobby : *Ne mêle pas mon budget avec le leur !*

Fatima : *C'est drôle ! Quand les enfants gaspillent pour du superflu, c'est grave. Mais quand c'est toi qui le fais, c'est correct. Ils te voient faire et en font autant. C'est ça le problème !*

Bobby : *J'achète mes appareils et mes accessoires avec soin, je les sélectionne, je compare les prix, j'attends qu'ils baissent un peu quand un nouveau gadget sort.*

Fatima : *Peut-être. En tout cas, quand tu fais le marché, tu dépenses beaucoup plus que moi et nous ne mangeons pas mieux. Tu achètes toujours des choses dont on n'a pas vraiment besoin, comme des huîtres fumées et que sais-je encore !*

Bobby : *Ça se peut. Tu sais mieux que moi faire le marché, tu fais ça depuis vingt ans et moi depuis vingt semaines.*

Fatima : *Avoue ! Avoue ! Si les enfants sont dépensiers, ce n'est pas ma faute, mais plutôt de la tienne !*

Après quelques séances de formation, Fatima et Bobby ont repris cette confrontation.

Bobby : *J'aimerais que nous révisions le budget des enfants, qui comprend l'allocation que je leur alloue, tel que nous l'avions défini en famille, et l'argent que tu leur donnes en surplus de ce dont nous étions convenus.*

Fatima — **Bobby**

Fatima : *Je crois que les enfants ont plus de besoins que ce que nous avions évalué lors de notre discussion en famille.*

Bobby : *Je suis disposé à réviser leurs besoins. Il faudrait alors qu'ils viennent nous les expliquer et que nous prenions une décision en famille. Je n'aime pas que tu outrepasses ou modifies unilatéralement ce que nous avions décidé ensemble après une discussion approfondie.*

Fatima : *Mais je t'en avais informé. Tu sais que je leur donne de l'argent en plus de leur allocation.*

Bobby : *Pour moi, la question de fond demeure. J'aimerais que les enfants deviennent responsables, qu'ils nous rendent compte de leurs dépenses et justifient leurs demandes.*

Fatima : *Tu tiens vraiment à reprendre cette négociation dans le détail ?*

Bobby : *Je veux qu'ils apprennent tout jeunes à assumer la responsabilité de leur budget. Et je ne crois pas qu'ils l'apprennent en te demandant de l'argent supplémentaire à chaque fois qu'ils ont dépensé l'allocation convenue ! Et toi, que crois-tu ?*

Fatima : *Et si moi, ça me fait plaisir de leur en donner ! Ils vieilliront bien assez vite, et à notre âge ils assumeront leurs responsabilités.*

Fatima	**Bobby**
	Je vois que nous ne partageons pas le même point de vue sur ce sujet. Comprends-tu au moins ce qui me préoccupe ?
Tu veux apprendre aux enfants à assumer la responsabilité de gérer un budget, avec une somme fixe.	
	Ne pourrions-nous pas trouver un terrain d'entente à ce sujet ?
Je pourrais être d'accord sur le principe, mais sur les détails, ça reste à voir. Ça me fait plaisir de leur en donner. Je crois que je suis raisonnable dans mes dons. Et je leur donne l'exemple d'une personne qui dépense judicieusement.	
	Je le reconnais : tu es une maîtresse de maison économe ; je n'ai rien à dire à ce sujet. Mais ce serait mieux si tu ne donnais pas d'argent aux enfants en plus de leur allocation. À mon avis, c'est essentiel pour qu'ils apprennent à dépenser intelligemment, comme tu le fais toi-même.
Je vois que cela est très important pour toi.	
	Je vois à long terme et je voudrais qu'ils deviennent des adultes responsables. Et, à mon avis, il n'est jamais trop tôt pour commencer.

Fatima | **Bobby**

Fatima : *J'ai une idée. Dis-moi combien de supplément te semble acceptable, et dans quelles circonstances je peux faire une exception, et je m'y tiendrai.*

Bobby : *Tu tiens donc à leur donner de l'argent supplémentaire ?*

Fatima : *Oui. Je te l'ai dit, cela me fait vraiment plaisir.*

Bobby : *Je considère normal que tu leur donnes une somme supplémentaire à leur anniversaire, quand ils vont en voyage, quand ils participent à une activité spéciale, une excursion, un défi ; c'est normal alors qu'ils aient besoin d'une somme qui n'était pas prévue dans leur allocation régulière.*

Fatima : *Je veux aussi leur en donner quand ils font un travail spécial, une grosse corvée, comme nettoyer la cave ou ranger tous les vêtements d'hiver.*

Bobby : *D'accord. Je comprends. Il y a des circonstances où c'est normal d'allouer une somme « discrétionnaire », comme disent les ministres.*

Fatima : *Bon, tu vois. Je suis plus dans la normale des choses que tu ne le pensais.*

Bobby : *Je vais te dire. Je me rends compte que ce qui me dérangeait le plus, c'est que tu leur passes de l'argent en cachette, en dehors de notre entente. Maintenant que tout est clair entre nous, je suis rassuré.*

Fatima : *Tu m'en vois ravie, mon chéri.*

MARINA ET ÉTIENNE
Adaptation à de nouveaux intérêts

Attention ! L'autre change et me voilà remis en question !

Je perds mes points de repère : avant, je savais qui j'étais à tes côtés, maintenant tu n'as plus besoin de moi, tu veux même « réussir toute seule » !

Ce changement se produit souvent dans la deuxième partie de la vie à deux ; chacun évolue différemment dans sa carrière et dans la société ; au moment où l'un songe à prendre une retraite méritée, visiter le monde, l'autre s'engage dans une carrière où il pourra enfin se prouver qu'il peut gravir les échelons, réussir.

« Dis-moi qu'il y a encore une place pour moi dans ta vie ! Et dis-moi quelle place tu me gardes pour que je sache où me situer ! » Tel est le message vibrant auquel les conjoints doivent trouver réponse ensemble.

Marina	**Étienne**
Avec mon nouveau poste, je développe une ambition pour ma propre carrière. Je ne peux plus me consacrer entièrement à ta carrière !	
	Tu aimais ça, pourtant !
Je trace maintenant ma propre voie. Même si je ne deviens pas une grande importatrice, je veux tout de même progresser aussi loin que je le peux dans ce métier. Je ne peux plus me contenter d'être la femme de quelqu'un, si brillant soit-il, tu comprends ?	
	Une grande partie de mon succès te revenait pourtant…
Ta réussite m'importe. Mais je ne peux plus m'y consacrer. Cette satisfaction ne me suffit pas. Je dois me consacrer à ma propre réussite.	

Marina	**Étienne**
	Pourtant tu étais fortement intéressée à tout ce que je faisais. Au dernier gala, tu étais très engagée.
Mais oui, j'ai aimé ça à la folie, je m'y suis impliquée à fond. Mais voilà, mes intérêts changent, je n'ai plus 20 ni 30 ans. Je n'ai rien contre ta réussite et je ne ferai rien pour te nuire, au contraire ! Imagine-toi, tout simplement, que je me préoccupe de ma propre carrière. Pour m'accomplir, je dois devenir quelqu'un et non la femme de quelqu'un.	
	Tout le milieu connaît ta compétence. Seuls quelques-uns savent que tu es ma femme. Ta réputation est bien assise.
J'ai quand même réussi dans ton sillage. Je veux être à l'avant-scène. Tu peux comprendre ça ?	
	C'est nouveau pour moi !
Je commence à avoir mes propres activités en dehors de notre couple. Je dirige, j'étudie, je me fais une place au soleil. C'est exigeant. Mais c'est passionnant ! *Je ne t'en aime pas moins. Je crois même que je serai une compagne plus intéressante pour toi quand j'aurai bâti ma confiance en moi.*	
	Je veux bien donner une chance à la nouvelle compagne que j'ai devant moi !

(Ils s'embrassent.)

MYLÈNE ET CÉSAR
Querelle à propos de l'argent

L'argent, c'est important, car c'est « ce qui me permet de me procurer ce qui me fait plaisir ».

« Si tu le retiens, j'ai l'impression que tu veux me restreindre dans ce qui me plaît. »

Une fois que nous reconnaissons que chacun veut faire le maximum pour que l'autre soit content, nous pouvons trouver des solutions concrètes qui permettront d'obtenir le maximum de ce que nous voulons avec le budget que nous avons.

Et pour cela, nous devons accepter que l'autre a des besoins, des plaisirs qui n'ont pas d'attrait pour nous. L'esthétique en fait partie : « J'aime le coup d'œil. C'est plus chaleureux comme atmosphère ainsi » est aussi important pour l'un que « C'est plus fonctionnel ainsi ; j'ai suffisamment de place pour bouger et ranger ».

Depuis la fin de leur lune de miel – six mois –, à toutes les fins de mois...

Mylène	**César**
Mais quand vas-tu comprendre le simple bon sens : tu ne dois pas dépenser plus que ce que nous gagnons !	
	Mais qui dépense trop ? Sûrement pas moi ! Regarde-toi avant de me pointer du doigt !
Parlons de chiffres, ça va te réveiller. Premièrement, c'est à toi de régler les factures de la maison !	
	Je paie l'hypothèque, le chauffage, l'électricité, le téléphone, le câble, les réparations. Refaire la décoration, ce n'est pas une dépense de maison mais un caprice !

Mylène | **César**

Mylène : *Un instant ! La peinture, le tapis, ce sont des dépenses normales !*

César : *Tu as choisi des tapis très chers. Ça n'est pas une dépense normale.*

Mylène : *Quand c'est moi qui choisis, c'est toujours trop cher. Mais quand tu choisis les fenêtres à changer, c'est « normal » !*

Vous vous critiquez l'un l'autre plutôt que de régler le problème.

Mylène : *Mais je ne fais que mettre le problème sur la table !*

César : *Je dois tout de même répondre à ses accusations.*

Je vous rappelle nos règles :
Exprimer chacun vos besoins.
Considérer les préférences esthétiques comme valables. Rechercher des solutions mutuellement acceptables.
En somme, établir ensemble votre budget de couple.

Mylène : *Nous avons une belle maison. De l'extérieur, c'est très beau. Mais c'est à l'intérieur que nous vivons. Et nous devons finir l'intérieur, comme nous avons fini l'extérieur. J'ai attendu que le lambris soit posé, puis j'ai attendu que l'aménagement extérieur soit terminé. Maintenant il est temps de rendre l'intérieur habitable, agréable.*

César, que comprends-tu de ce que Mylène te dit ?

César : *Elle veut que ce soit beau à l'intérieur de la maison. Pour elle, c'est important.*

Mylène	César

Mylène, César te comprend-il bien ?

Oui, quand il arrête de se fermer, il peut comprendre quelque chose.

S'il te plaît, pas de sarcasme. César te comprend-il ?

Oui, ce qu'il a dit montre qu'il comprend.

Manifeste-lui que tu apprécies qu'il te comprenne, par un geste visible.

(Mylène touche la main de César.)

À toi, César : qu'est-ce qui te préoccupe ?

Ce qui me préoccupe ? C'est notre compte en banque, notre compte joint, qui sert pour les dépenses importantes, surtout le paiement et l'entretien de la maison. Notre maison est notre bien le plus important, nous ne devons pas la perdre. Nous avons dû dépenser plus d'argent que prévu pour l'extérieur. Alors nous devons dépenser très prudemment si nous ne voulons pas la perdre.

Est-ce à ce point ? Vous pourriez la perdre ?

Notre hypothèque et quelques centaines d'euros par mois pour l'entretien sont nécessaires pour garder un budget équilibré. Si nous dépassons ça, nous ne pouvons pas obtenir plus d'argent de la banque. Ce serait alors les cartes de crédit à 18 % d'intérêt. Nous serions voués à la faillite au bout d'un an ou deux.

Mylène	César
Mylène, que comprends-tu de ce que César dit ?	
Il semble que nous pourrions perdre notre maison si nous dépensons trop pendant un an ou deux.	
César, te comprend-elle bien ?	
	Elle a fait un résumé remarquable.
César, montre-lui que tu apprécies qu'elle te comprenne.	
	(César lui touche la main, de même.)
Le problème étant mis au clair, quelles solutions voyez-vous à votre situation ?	
	Limiter les dépenses admises par mois.
Échelonner les paiements sur un an : le magasin a un plan sans intérêt.	
	Fixer un maximum à dépenser sur la décoration intérieure. Prendre des matériaux en solde. Utiliser des matériaux économiques.
Ce n'est pas une bonne idée, voici pourquoi...	
Mylène, un peu de patience s'il te plaît ; pour le moment suggérons des solutions. Nous les évaluerons ensuite. Tu auras ton mot à dire.	
Prendre des matériaux de qualité, durables, qui gardent leur valeur. Faire certains travaux nous-mêmes.	
	C'est sûr : nous pouvons faire des travaux nous-mêmes. Tu as l'œil et j'ai le bras !

Mylène | **César**

César, avez-vous fini de suggérer des solutions ?

César : *Oui, je crois que nous avons une combinaison gagnante avec ses idées et les miennes.*

Dis-lui cela directement. Je crois qu'elle appréciera.

César : *Mylène, je crois qu'avec tes idées et les miennes, si nous nous mettons ensemble et travaillons de concert, nous aurons quelque chose de bien.*

Mylène : (Elle rougit.)
Mon chéri, écoute-moi un moment. Nous devons employer des matériaux durables et de valeur égale à l'ensemble de la maison. Un jour nous vendrons sans doute cette maison. Et les gens seront impressionnés sans doute plus par l'intérieur que par l'extérieur. Nous devons la décorer aussi bien que nous l'avons construite.
Si tu me laisses choisir les matériaux, nous aurons quelque chose de bien. Et je trouverai un magasin qui accepte les paiements échelonnés sur un an ou deux.

César : *D'accord, je te laisse faire. Je t'alloue un budget de 100 euros par mois pendant deux ans. Tu peux acheter au fur et à mesure ou acheter d'un bloc et échelonner les paiements.*

Mylène | **César**

Mylène : *Il y a une condition : pour ne pas payer d'intérêts, nous devons faire nos paiements rigoureusement chaque mois. Si nous avons un seul retard, ils nous facturent les intérêts.*

César : *Je peux m'occuper d'avoir l'argent sur le compte à chaque 1er ou 15 du mois.*

Il me semble que vous avez un accord !
Est-ce que je me trompe ?

Mylène : *Mon Dieu ! Je pensais que ça prendrait beaucoup plus de temps pour régler ça. Ça fait des semaines que nous nous disputons là-dessus !*

César : *Quand on est raisonnable, on avance vite !*

Je dirais : quand vous prenez soin de vous exprimer clairement et de vous comprendre... sans critiquer l'autre... vous parvenez à un accord assez facilement et assez rapidement, n'est-ce pas ?

PAULINE ET MARTIN
Flirt lors d'une soirée

Ce que nous reprochons à l'autre de trop donner à un étranger, c'est ce que nous voudrions lui demander de nous donner plus à nous-mêmes.

Mais quelle différence entre reprocher et demander ! L'un jette une ombre noire sur la relation, l'autre ouvre une fenêtre qui laisse entrer la lumière !

Un geste signifie une chose pour l'un et autre chose pour l'autre, selon sa culture, son éducation, ses habitudes, les circonstances et… sa perception, le sens qu'il donne à tel ou tel geste ; et ça, c'est caché dans sa tête et dans son cœur.

Nous ne l'apprendrons qu'en nous en parlant franchement.

Le sujet est délicat : il vaut mieux l'aborder et mettre les choses au clair que d'aller dormir en se faisant du souci.

Étonnant comme nous pouvons en arriver à une entente quand nous mettons franchement cartes sur table !

Pauline	Martin
Je ne sortirai plus jamais avec toi ! Tu as dansé avec tout le monde sauf avec moi. Tu t'es ridiculisé à rôder autour de cette poufiasse au généreux décolleté. Et tout le monde se moquait de toi et de tes manœuvres de vieil oncle ! Tu sais, je déteste que tu te comportes en gamin ! C'est dégoûtant à voir ! (Elle pleure.)	
	Cesse de pleurnicher ! C'est ton stratagème habituel pour avoir le dernier mot. Pas étonnant que les enfants pleurnichent à tout propos comme tu le leur montres si bien.

Pauline | **Martin**

Pauline : (Séchant ses larmes :) *Vaut mieux pleurer quand on est triste que de boire, comme tu le fais. Tu t'abaisses ainsi en public et j'ai honte d'être avec toi. Voilà !*

Martin : *Tu peux bien parler ! Tu dépenses plus en produits de beauté que moi en alcool. Et penses-tu que tout le monde ne voit pas que tu cherches inutilement à te rajeunir ? Pourquoi ne peux-tu pas accepter ton âge tout simplement, bon Dieu ?*

Pauline : *(Pleurant à nouveau :) Mon coiffeur, lui au moins, s'intéresse à moi. Tu essaies de m'amadouer avec des promesses que tu ne tiens jamais. Tu m'avais promis un week-end loin de la maison et des enfants. Mais tu as toujours une raison bidon pour reporter notre sortie à deux à la semaine des quatre jeudis.*

Martin : *J'ai besoin de me changer les idées. Nous avons passé une belle soirée à nous amuser. Maintenant ne m'empêche pas de me reposer la tête avec tes jérémiades.*

Pauline : *Pardon ? Tu t'es amusé ! Tu m'as laissée là, plantée comme une dinde, comme si tu ne me connaissais pas, comme si tu avais honte de moi !*

Pauline | **Martin**

Martin : *Quand on veut s'amuser, on s'amuse. Si tu ne voulais pas t'amuser, ne me reproche pas au moins de passer du bon temps.*

Par vos attaques il me semble que vous ne visez qu'à vous blesser, vous punir, vous éloigner l'un l'autre.

Martin : *Bien sûr, nous sommes dépassés. Mais que pouvons-nous faire ? Je ne sais pas ; pourquoi nous disputons-nous ainsi ? J'aimerais tellement que nous vivions en paix ! Elle pense que je suis détraqué. Je la trouve trop sensible, trop faible. Nous nous aimons mais nous ne savons pas comment faire autrement. C'était un cercle vicieux, maintenant c'est devenu un enfer ! Nous sommes ici pour apprendre à nous sortir de ce bourbier où nous nous enfonçons de plus en plus chaque jour.*

Pauline : *Il n'y a plus de tendresse entre nous. Il n'y a que de la rage chez l'un et l'autre. Je ne peux pas être affectueuse quand nous nous disputons comme ça. Notre vie sexuelle n'a pas résisté à toutes nos querelles.*

Je comprends que vos querelles déraillent. Je vous propose de régler une situation. Est-ce que celle de la danse, que vous avez évoquée au début, vaut la peine d'être discutée ?

Pauline : *Je trouve que oui. Pour moi c'est important.*

Pauline	Martin
	Je pense aussi que nous devrions en parler, parce qu'il y a un malentendu là-dessus. Je ne flirte pas, je danse tout simplement.

Pauline, c'est toi qui avais abordé le sujet. Comment formulerais-tu ta demande ?

Pauline	Martin
Je veux que tu danses avec moi, d'abord avec moi, surtout avec moi. Tu peux danser avec quelques collègues de travail à cette fête de bureau, mais, disons, en complément. Moi, je reste la principale. Je suis ta femme après tout.	

Explique encore un peu ta demande. Plus Martin comprendra ton point de vue, mieux il pourra y répondre.

Pauline	Martin
C'est simple. On danse avec la femme qu'on aime. Quand nous nous sommes rencontrés, nous avons dansé, après avoir parlé, c'est une façon de se courtiser, de nous manifester de la tendresse.	
	Pour certaines danses, je te l'accorde. Mais dans les danses modernes, on s'ébat plus qu'on ne se courtise.
Je te l'accorde. Mais, même là, faire des danses improvisées avec toi, ça me rapproche de toi. Je te trouve alors vivant, joyeux et j'ai envie de partager cette joie avec toi.	

Pauline	**Martin**
	Mais tu ne montres pas tellement un visage joyeux. Tu as l'air triste, alors moi j'ai plus envie d'aller danser avec celles qui ont l'air de bonne humeur.
Je peux avoir l'air abattu parce que je vois venir avec appréhension le moment où tu te lèveras pour aller danser avec une autre et me laisseras en plan. Ça s'est produit trop souvent. La dernière fois, la musique n'était pas encore commencée que tu étais déjà en train de demander à cette fausse blonde de danser.	
	Il me semble que tu exagères.
Le couple qui était assis avec nous à la table m'en a fait la remarque : « Il ne se prive pas, ton mari, dans le dessert de la blonde ! » C'est humiliant pour moi de voir et d'entendre ça. Je veux être ta préférée. Et si je ne le suis plus, dis-le-moi, j'agirai en conséquence.	

Ne fais pas de menace, Pauline, ça n'avance pas les choses.

Pauline	**Martin**
Je ne fais pas de menace. Je te demande, Martin, si je suis encore la femme de ta vie. Et si oui, je te demande de me le montrer en me choisissant pour danser.	
	Nous n'allons pas remettre notre relation en question pour une danse !

Pauline

Martin

Pauline : *C'est plus qu'une danse. J'ai passé pratiquement la soirée seule, enfin la partie dansante. Notre voisin de table m'a invitée à danser mais j'ai refusé.*

Martin : *Tu aurais dû accepter ! Moi, je ne suis pas jaloux !*

Pauline : *Mais moi, c'est toi que je veux !*

Avant que ça ne déraille, Pauline, refais ta demande, le plus clairement possible. Qu'est-ce qui te rendrait suprêmement heureuse ?

Pauline : *Je te demande de danser avec moi la plupart du temps, surtout dans la première partie. Je veux que tu gardes pour moi les danses collées, je veux sentir le désir de toi monter en moi. Je rêve de danser une grande valse avec toi, ce que nous n'avons pas fait depuis longtemps. Je voudrais aussi que nous suivions des cours de tango argentin : c'est la danse la plus langoureuse que je veux partager avec toi.*

Martin : *Tout un programme ! Par quoi on commence ?*

Je remarque que les mots que Pauline emploie le plus souvent, c'est « avec toi ». C'est là le cœur de sa demande, il me semble.

Martin : *Si tu veux danser avec moi, pas de problème, tu n'as qu'à venir sur la piste !*

Tu dis ça sur un air agacé, Martin, comme si c'était une demande insignifiante.

Martin : *Pour moi, c'est une bagatelle.*

Pauline	**Martin**

Mais pour Pauline, c'est important, peux-tu comprendre ça ? C'est ça, vivre à deux : apprendre ce qui est important pour l'autre et en tenir compte.

Pauline	Martin
	Bon ! Pauline, c'est vraiment si important que ça pour toi ?
Oui. Un couple qui aime danser ensemble aime se rapprocher, partager des moments joyeux et tendres.	
	Alors viens sur la piste, on dansera !
Tu dois me demander à danser, comme tu le fais avec les autres femmes de toute façon. Dans notre société, c'est comme ça. La femme se fait belle et l'homme qui la désire l'invite à danser.	
	On dirait que tu voudrais que je recommence à te courtiser. Le romantisme est passé, à notre âge !
J'aimerais que tu me courtises toute ma vie ; le romantisme, la tendresse, les attentions, une femme en a besoin toute sa vie.	
	Les sorties, les rendez-vous, les fleurs et tout ça ?
Oui. Pas tout ça dans la même semaine, mais disons des marques d'attention.	
	Tu sais que je ne suis pas porté sur ce genre de chose.
Je sais, tu n'es pas très romantique, mais quand nous nous sommes connus tu l'étais, un peu. Tu pourrais l'être encore, un peu.	

Pauline | **Martin**

Ajoutes-tu d'autres demandes à ta demande initiale ?

Oh, celles-là, ce sont des suggestions. Mais danser avec moi, plus qu'avec toutes les autres, me réserver les danses sensuelles, c'est ma demande de base.

Mais là, tu voudrais… et en plus…

Martin, la question est simple : « Est-ce trop demander ? » Trouves-tu la demande de Pauline recevable ou non ?

Ce n'est pas trop demander. Tu accordes plus d'importance à ça que moi. Et si ça peut te faire plaisir, je peux très bien danser avec toi la majeure partie de la soirée.

C'est ça, le sujet, quand on vit à deux : « Si ça peut te faire plaisir ! » Quand on aime, à moins que ça ne nous nuise, ne nous prive ou ne nous frustre, on est disposé à faire ce qui fait plaisir à l'autre.

Oui, je veux bien. Maintenant que je comprends tout ce que ça signifie pour toi, je veux bien te demander ta main à danser, danser avec toi, te coller. Je veux même prendre ces cours de tango avec toi. Crois-moi, ça m'excite aussi de danser avec toi.

Pauline, réponds-lui.

(Elle a les larmes aux yeux.) *Je ne sais vraiment pas quoi dire.* (Elle l'enlace, l'embrasse. Quelques larmes coulent de ses joues sur les joues de Martin.)

Grand Dieu ! Je ne pensais pas que je te faisais un tel effet !

Je suis heureuse, Martin. Je suis heureuse !

ALICE ET DIDIER
« Mais je ne savais pas ça ! »

Les caresses, le toucher constituent une part essentielle d'une relation intime.

Et pourtant, dans ce domaine aussi on joue le jeu dangereux « Si tu m'aimes, tu devineras ce que je désire ! ».

Parler franchement de nos corps et de nos désirs permet de dissiper des malentendus, d'éliminer des suppositions.

Nous refaisons notre propre éducation dans ce domaine et en venons à en parler comme des autres belles choses que nous vivons ensemble.

Et, dans ce domaine comme dans les autres, nous pouvons trouver des solutions, des ententes pour nous adapter l'un à l'autre, ce qui reste la clé du plaisir partagé. Nous découvrons alors que certains gestes, certaines circonstances, certains changements disposent ou indisposent. Une fois ces mystères éclaircis, nous pouvons trouver ensemble des ajustements et nous rapprocher pour le plaisir et le bien-être de chacun.

Alice	Didier
Nous n'exprimons pas nos véritables sentiments. Nous craignons de discuter des situations désagréables. Alors nous restons tranquilles mais tendus. En sept ans de vie commune, nous n'avons jamais vidé notre sac. Nous ne savons pas comment exprimer nos frustrations sans blesser l'autre, alors nous gardons tout pour nous.	

Alice | **Didier**

Didier : *Je ne sais pas d'où te vient cette impression. Je ne peux pas dire que je garde tout pour moi. Je manifeste rarement d'insatisfaction parce que j'en ai rarement. Je suis un homme comblé avec toi, sous tous les rapports. Je suis heureux au-delà de mes espérances.*
Quand il y a une chose qui me trouble, je te le dis. Je ne te dis pas « Je suis insatisfait », je te dis « Je ne comprends pas... », parce que je ne suis pas frustré avec toi, mais parfois je suis déboussolé et je te demande de m'éclairer.
Mais souvent alors tu me réponds : « Tu t'en fais pour rien. Tu interprètes des gestes sans importance. »

Alice, est-il possible que tu réprimes ce que tu voudrais exprimer ?

Alice : *Oui, bien sûr, je viens de le dire. Et je crois que Didier en fait autant.*

Commençons par toi, puisque tu en parles. Ensuite nous verrons avec Didier. Ne t'inquiète pas, j'ai des exercices qui nous permettront de savoir jusqu'à quel point il refoule ses insatisfactions envers toi.
Donc, depuis un long moment, tu te prives de dire ce qui ne te convient pas dans votre relation !

Alice : *Exactement. Je ne veux pas passer pour celle qui se plaint – on reproche souvent cela aux femmes –, alors je me tais.*

Alice | **Didier**

Si tu permets, on sait aussi que les femmes se taisent et qu'elles quittent leur conjoint dans 80 % des cas, et souvent sans avoir dit ni pourquoi ni comment. Tu peux ignorer mon commentaire s'il ne te concerne pas.

Eh bien, quand nous nous sommes connus, Didier m'a demandé après quelques rencontres : « Tu es le genre de femme à dire ce qui te va et ce qui ne te va pas directement et franchement. Est-ce que je me trompe ? » Je lui ai répondu : « Oui, quand j'ai quelque chose à dire je le dis sans détour. »

Mais en fait, je confondais ma vie professionnelle et ma vie personnelle. Au travail, je dirige une équipe et mes collaborateurs savent où ils mettent les pieds avec moi. Je ne laisse rien passer. Mais à la maison, en couple, je ne dis pas tout ce que je vis. Je ne veux pas déranger... surtout si mon homme semble si heureux !

Comprends-tu mieux sa réponse ?

Oui. Nous n'avons pas le même tempérament. Moi, je décide vite, intuitivement, toi tu décides plus lentement, rationnellement.

Cette différence reconnue, quelle insatisfaction ou malaise veux-tu exprimer à Didier ?

J'ai l'impression que tu n'as jamais assez de caresses, que tu en veux toujours plus, que je ne pourrai jamais te satisfaire.

Alice | **Didier**

Et j'ai le mauvais rôle de te repousser, si je peux dire, ou de m'éloigner, et alors tu n'es pas content.
Je crains de me faire siphonner, comme je l'ai été avec mon premier mari.

Grand Dieu, ça va loin !

Poursuis, Alice, ça semble très important. Les caresses dans un couple, c'est fondamental, c'est révélateur de toute la vie à deux.

Eh bien, mon corps change et mes appétits physiques changent aussi. Je sens venir ma ménopause. Et je ne peux pas dire que j'aime ça. J'ai pris du poids. J'ai des bouffées de chaleur la nuit. Je dors mal. Je me fatigue plus souvent. Je suis moins en forme : les randonnées à pied ou à bicyclette me demandent souvent trop d'efforts. Je suis moins patiente : je me surprends moi-même à répondre sèchement à Didier. Je prends quelques rides.

Et…

Et je crois que Didier est ou sera moins intéressé par moi, à cause de ça.

Hmm ! Beaucoup de malaises personnels et plusieurs conclusions sur Didier. Alors, comme lui seul le sait, il serait bon que tu vérifies avec lui l'effet que tu crois que ça a sur lui.

Alice	**Didier**
Moi, j'ai dit tout ce que j'avais à dire à ce sujet. Je suis prête à écouter Didier. Je verrai alors ce qu'il va me confirmer et ce qu'il va infirmer.	

Quelle sagesse !
Didier...

Alice	**Didier**
	Alice, tu t'en fais beaucoup pour rien !

« Je... »

Alice	**Didier**
	Je ne suis pas dérangé par ces changements comme toi. Je vois, je sens que tu as pris quelques kilos, mais tu... mais je suis aussi attiré par toi que la première fois que je t'ai vue. Je sens, j'imagine que tu es mal à l'aise parfois, quand tu n'arrives pas à entrer dans une de tes robes, mais pour moi tu restes la femme qui m'attire le plus. Je suis attiré, envoûté, ébloui par toi autant que je l'ai toujours été.
J'en doute.	
	Alice, crois moi. Pour que nous puissions parler franchement chacun doit croire l'autre. Moi, je te crois quand tu décris tes nouveaux malaises. À ton tour, crois-moi quand je te dis ce qui se passe en dedans de moi.
OK. Disons que je te crois. Didier, je te crois. Même si parfois je doute de moi. Mais dis-moi comment tu réagis aux effets de ma ménopause.	

Alice	Didier
	Parlons d'abord des kilos que tu as pris. Je te le répète, pour moi tu es séduisante et tu le restes. J'ai remarqué que tu montes sur ton pèse-personne plus souvent, que tu entres plus difficilement dans certains vêtements. Mais tu es une belle femme, tu es bien proportionnée. Alice, veux-tu que je te dise, une chose qui me fait de la peine, c'est que maintenant tu me tournes le dos quand tu t'habilles ou que tu te déshabilles. C'est une grande privation pour moi de ne pas te voir nue aussi souvent qu'avant. Pourquoi priver ton homme de ces moments de bonheur ?
Mais, voyons, Didier, pour une ou deux minutes, ça ne change pas grand-chose, voyons.	

Oups ! Alice, entends ce que Didier te dit, prends-le tel quel. Je te demande ça, comme je demande à Didier de faire de même quand il y a lieu.

Alice	Didier
OK ! Pour toi, me voir m'habiller ou me déshabiller, c'est important.	
	C'est souvent mon rayon de soleil de la journée.
Je ne savais pas ça.	

Alice, et maintenant que tu le sais ?

(Silence.)

Au fond, il n'y a qu'une question importante entre conjoints : « Est-ce trop demander ? »

Alice | **Didier**

Quand l'autre vous demande quelque chose, vous pouvez vous poser cent questions : « Pourquoi il me demande ça ? », « Est-ce normal qu'il me demande ça ? », « Si je dis oui à ça, qu'est-ce qu'il ou elle va me demander après ? », « Que vont dire les gens si j'acquiesce à sa demande ? », etc. Toutes ces questions sont des pièges du cerveau raisonneur. Je répète, la seule chose qui importe pour répondre à une demande de son conjoint, sa conjointe, ou en fait toute autre personne, c'est : « Est-ce trop demander ? » Alice, ce que Didier te demande, est-ce trop demander ?

Alice : *M'habiller et me déshabiller devant lui ?*

Didier : *Comme tu l'as toujours fait, chérie.*

Alice : *Ça me met un peu mal à l'aise. J'ai expliqué pourquoi. Mais sachant que c'est si important pour toi, je peux faire un effort. Enfin, je veux dire que, à cause de ton intérêt, je suis motivée à le faire.*

Didier : *Tu ne peux pas savoir comme tu me fais plaisir. Il me semble qu'on entre au paradis terrestre à nouveau, comme quand on s'est connus.*

Alice : *S'il ne faut que ça pour te rendre heureux.*

Tu vois. Il suffit de s'en parler.

Didier : *Je n'ai pas dit qu'il ne me fallait rien d'autre pour être heureux, mais que ça ensoleille ma journée... Ou ma soirée... Ou mon week-end !*

Eh bien, si tu exprimais une chose qui t'incommode, que dirais-tu ?

Alice | **Didier**

Alice : *Ce n'est pas facile à dire. Ça risque d'être mal interprété...*

Ça fait partie de mon travail de m'assurer que Didier comprenne correctement ce que tu diras. Alors lance-toi, s'il te plaît. J'ai une bouée pour te sauver la vie au besoin.

Alice : *Eh bien, Didier, j'ai besoin que tu me laisses dormir. Depuis ma ménopause, je ne dors pas aussi bien et quand je me réveille la nuit, ça me prend des heures avant de me rendormir.*

Didier : *C'est d'accord. Comme tu veux.*

Alice : *Tu dis « D'accord » et tu n'as pas encore compris le problème. Et ça aussi, ça m'agace. Tu me parais souvent trop conciliant.*

Didier : *Alors là, je ne comprends plus rien. Je vais dans ton sens et tu n'es pas contente. Explique-moi.*

Je comprends un peu ce qu'Alice t'exprime. Tu te dis d'accord avant d'avoir entendu sa demande concrète. Quand tu l'entendras, tu ne seras peut-être pas d'accord. C'est comme si tu voulais faire la paix avant d'avoir réglé l'affaire.

Didier : *Je me fais mal comprendre parfois. Je veux dire : « Je suis d'accord pour en parler. Je suis prêt à collaborer autant que je peux pour régler ton problème, qui est peut-être notre problème. » Au lieu de dire « Comme tu veux », je pourrais dire « Si tu veux en parler, je suis prêt ».*

Alice	**Didier**
Quand tu me touches la nuit, ça me dérange. C'est désagréable à dire mais ça m'incommode plus que ça me fait plaisir. Ce n'est pas toi que je repousse, c'est l'insomnie que ça me donne. Si tu me touches la nuit, je me réveille et j'en ai pour des heures avant de me rendormir.	
	Bon, je ne savais pas. Ça fait des années que nous dormons ensemble et j'apprends ça.
Je ne t'en ai pas parlé avant parce que ça ne me dérangeait pas. Mais maintenant j'ai le sommeil fragile et je dois en tenir compte.	
	D'accord. Nous allons en tenir compte… Après nous être cajolés, nous mettons un traversin entre nous pour éviter que je ne te touche.
(Alice hoche la tête, hésitante à accepter cette proposition.)	
	Et si ça ne suffit pas, j'achèterai un grand lit. Nous passerons un moment au milieu pour nous cajoler, puis nous pourrons dormir chacun de son côté. Je te toucherai à nouveau quand nous serons tous deux éveillés.

Un homme ferait bien des choses avant de se résigner aux lits jumeaux, tu sais !

Oui, je vois. Et avec son cerveau d'ingénieur, il a la solution à tout ! Ça m'irrite parfois.	

Alice	Didier

Tu aimerais que le problème soit plus gros, plus difficile à résoudre ?

Alice	Didier
Non, mais ça me donne l'impression de m'être plainte pour peu de chose.	

Tu te prives parfois en te disant que tes désirs sont peu de chose ?

Alice	Didier
	Moi, je ferai tout pour te plaire, tu sais.
Le voilà qui recommence. Il est trop gentil !	
	Enfin tout ce que je peux...

Il t'adore. Il faudra que tu te fasses à cette idée-là. Mais remarque, il défend son pré carré pour obtenir satisfaction. Alors, il n'est pas complètement fou.

Alice	Didier
C'est sans doute mieux comme ça.	
	Mais attends un peu, qu'est-ce que tu veux dire ? Tu ne veux plus que je te réveille au milieu de la nuit pour te faire l'amour ?
Non, je n'aime plus ça... Écoute-moi quand je te parle. C'est parce que j'ai le sommeil fragile. Je l'ai dit tout à l'heure. Et après, je n'arrive plus à me rendormir avant 2 ou 3 heures, et le lendemain je me traîne au travail.	
	Ça, c'est toute une nouvelle, je ne savais pas ça !

Vous êtes ici pour ça, pour vous apprendre des choses essentielles pour vivre ensemble. Ça semble parfois une mauvaise nouvelle, mais ce n'est pas nocif d'apprendre qu'on roulait vers un précipice, ça peut éviter un accident, parfois mortel.

Alice | **Didier**

Ça, pour une nouvelle, c'est une nouvelle. Même pas les week-ends ?

Peut-être, je ne sais pas, c'est nouveau pour moi autant que pour toi. Autant j'aimais ça avant, autant ça me stresse maintenant.

Bon ! Sans doute que je ne peux pas te coller dans le lit toute la nuit comme on le faisait auparavant.

Comme j'ai le sommeil léger, je ne peux pas dormir collée comme on le faisait avant. Et toi aussi, tu changes. Tu bouges beaucoup la nuit, par saccades parfois. Alors si on est collés, ça me réveille, et comme je t'ai expliqué ça me prend des heures pour me rendormir. Et tout ce temps, toi tu dors à poings fermés ; parfois même tu ronfles.

Ah ! Bon sang ! Je ne savais pas.

Qu'est-ce que tu ne savais pas ?

Tout ça. Tout ça c'est du nouveau pour moi. J'arrive sur une autre planète.
Alors c'est pour ça que depuis quelque temps tu dors au bord du lit, le plus éloignée de moi possible ?

Eh bien, c'est à peu près ça.

Alors, on couche chacun à son bout du lit ? On ne se touche plus, on ne se colle plus, on ne s'embrasse plus ? C'est la fin du monde alors !

Alice	**Didier**
Mais non. Quand tu voudras faire l'amour tu me le diras. Je n'ai pas perdu tout intérêt. D'ailleurs, nous pratiquons plutôt plus souvent que les gens de notre âge.	
	Ne nous compare pas aux gens de notre âge. Notre amour ne se compare à aucun autre, Alice, s'il te plaît !
Bon, d'accord. Je suis unique. Tu es unique. Nous sommes uniques.	
	Ne te moque pas de moi.
Je ne me moque pas. Je crois ce que je dis.	

Didier, remarque : toi aussi parfois tu ne reçois pas un mot gentil qu'Alice t'adresse. Prends-le, apprécie-le, assimile-le.

Alice	**Didier**
	D'accord, coach. Je reconnais. J'en prends note. *J'ai besoin d'une réponse plus précise. Enfin, je te fais une demande. Le soir, avant de dormir, avant que tu te pousses sur ton bord du lit, je veux, je te demande dix minutes de peau à peau. Et même chose le matin avant de se lever.*
Le matin, je me lève avant toi.	
	Oui, bien sûr. Nous avons cependant un moment où nous sommes éveillés tous les deux. Je me lève, comme tu sais, et je reviens me coucher, et toi tu démarres ta journée. Juste avant ton lever, dix minutes de peau à peau.

Alice	Didier
	Je vais te dire franchement : si tu me donnais le choix de faire l'amour plusieurs fois par semaine comme nous le faisons habituellement et ces deux moments de peau à peau quotidiens, je prendrais le peau à peau.
Je ne savais pas ça. Tu me surprends. Je suis surprise.	
	Alors, ça te va ?
Je ne dis pas non. Il faut qu'on l'essaie… *Il y a une autre chose : quand j'ai mes bouffées de chaleur, je transpire et je n'aime pas sentir la transpiration.*	

Ça dérange qui à ton point de vue ?

Alice	Didier
Moi, un peu, je suis toute moite de partout, surtout dans le cou, et le dos, la poitrine. Je crains que tu n'aimes pas ça et que tu trouves que je ne sens pas bon.	
	Une autre chose pour laquelle tu t'inquiètes pour rien. Je te l'ai déjà dit qu'être tout mouillés, ça n'est pas très intéressant. Mais tu sens toujours bon. Tu transpires de l'eau, c'est tout.
Je ne savais pas ça.	
	Je ne savais pas toutes ces choses-là, moi non plus.
Tu n'avais pas remarqué que je me mets un parfum de nuit, ce que je ne faisais pas avant ?	

Alice | **Didier**

Didier : *Si, j'ai remarqué quelquefois, j'en ai même goûté et je dois te dire que sur la langue, c'est très désagréable. C'est comme si je léchais du vernis. Mais ça n'est arrivé qu'une ou deux fois.*

Alice : *Je ne savais pas ça.*

Didier : *Je ne savais pas pourquoi tu te mettais du parfum la nuit non plus.*

Alors, vous venez me voir pour vous dire des choses que vous aviez accumulées et qui envenimaient votre vie et que vous pouvez corriger assez facilement, en vous posant la question « Est-ce trop demander ? ».

Alice : *Une dernière petite chose. Je constate qu'à notre âge nous avons besoin de prendre notre douche plus souvent...*

Pour ne pas indisposer l'autre ?

Alice : *Moi, je le fais et j'aimerais que tu le fasses.*

Didier : *S'il ne faut que ça pour te rendre heureuse, c'est avec plaisir. Une douche bien chaude, ça me détend.*

Il suffisait de demander !
Une chose me préoccupe. Comment se fait-il que vous puissiez régler si facilement tant de choses devant moi et que chez vous, seul à seul, vous n'y soyez pas parvenus ?

Didier : *Moi, j'avais soulevé la question. Alice, je t'avais demandé si, comme moi, tu n'avais pas constaté que nous étions plus distants et je te demandais de quoi ça pouvait dépendre à ton avis*

Alice | **Didier**

Alice : *Tu me le demandais comme si je ne m'occupais pas assez de toi, comme si moi je m'éloignais de toi et non l'inverse, alors je me sentais mal. J'avais l'impression que tu m'en demandais plus, que tu m'en demanderais encore plus et toujours plus, peu importe ce que je vivais. Ça me rappelait trop mon ex-mari.*

Didier : *D'abord, je ne suis pas ton ex, je suis Didier, ton homme. Ensuite je voulais simplement savoir les choses que tu m'as dites aujourd'hui.*

Alice : *Oui, mais tu me le demandais comme si moi je ne te donnais pas assez d'affection.*

C'est possible, Didier. Parfois, tout est dans la nuance... Est-ce que tu demandes pour toi ? Est-ce que tu t'intéresses à ce qu'elle vit et qui la rend plus distante ? Ça peut faire toute la différence. Parfois il suffit d'un ton de voix, d'une mimique pour faire cette différence.

Didier : *Oui, je comprends. Le point de vue est différent.*

Alice : *Je sentais quelque chose. Je n'osais pas te le dire, tu serais tellement déçu. Tu me disais que nous nous éloignions et que j'étais sans doute celle qui s'éloignait de toi, non ?*

Didier : *Oui et non. Je vais te dire, Alice. J'assume, je crois, mon rôle d'homme. L'homme propose, la femme dispose. Je t'approche, je te fais des propositions, je t'invite, je t'offre. Tu dis si ça te convient ou pas. Je prends ta réponse.*

Alice | **Didier**

Didier : *Ce qui me manquait, et ce qui ne me manque plus depuis que nous parlons dans le bureau de Jacques et le payons pour qu'il nous regarde nous courtiser, c'est que tu me laisses t'approcher, que tu prennes le temps de recevoir mon offre.*
Tu comprends, Alice ? Ou est-ce que je parle chinois ?

Alice : *Je comprends, je ne savais pas ça. Je vois ça sous un jour différent. Je n'ai plus peur. J'ai confiance en notre avenir.*

Didier : (Didier sourit béatement.)

Nous avons, enfin vous avez bien travaillé. Que retenez-vous de votre laboratoire de découvertes ?

Didier : *J'ai entendu et dit si souvent « Je ne le savais pas » aujourd'hui que je trouve ridicule de vivre avec quelqu'un et ne pas en savoir plus sur cette personne.*

Alice : *Je nous vois comme deux aveugles qui tentent de se rejoindre et ne se trouvent pas faute de simplement se parler. Je crois que trop souvent je n'ose pas dire.*

Et que vas-tu faire avec cette découverte ?

Alice : *Le dire, tout simplement le dire.*

Et de ton côté ?

Didier : *Dire plus, bien sûr. Tendre davantage de perches, aussi, je crois. Démontrer plus que je suis disposé à entendre.*

NOÉMIE ET JULIEN

Colères devant leurs amis

Jusqu'à quel point l'un doit, peut se sentir responsable du comportement de l'autre devant des amis, des invités, la famille ?

Si chacun vit en solitaire, alors « Ne te mêle pas de ça ! Laisse-moi vivre ma vie ! ».

Si nous vivons en couple, jusqu'à un certain point « Ce que tu fais se répercute sur moi ! ».

Et, plus important encore, nous avons chacun besoin d'admirer ou du moins d'apprécier l'autre.

Alors nous nous rapprochons ou nous restons proches quand nous prenons en compte la façon dont notre conduite affecte l'autre. Même si nous trouvons que « Tu t'en fais pour rien ! », en étant ensemble nous nous engageons à prendre en considération ce que l'autre ressent et à nous adapter autant que nous le pouvons, pour lui faire plaisir tout simplement.

Noémie et Julien jouent au tennis avec un couple d'amis.

Pendant le match, Noémie hausse le ton, Julien quitte le court en criant à son tour.

Voici leur dispute reprise en formation pour améliorer leur situation.

Noémie	**Julien**
Julien, tu triches : la balle était à l'intérieur !	
	(Il lance sa raquette.) *Tu refais la mégère à nouveau ! Big Mama veut tout régenter !* (Il s'en va au vestiaire.)
(Plus tard, elle le rejoint.) *Pourquoi t'es-tu enfui au beau milieu du match ? Tu ne sais pas vivre en société. Tu devrais aller t'excuser auprès de nos amis ! Que vont-ils penser de nous ? Que nous sommes des sauvages !*	

Noémie	**Julien**
	Si cela ne leur a pas plu, tant pis pour eux !
À moi non plus, cela ne m'a pas plu ! Et ne m'insulte plus ainsi devant nos amis. Tu le fais souvent.	
	Allez, cesse de jouer les mégères et viens m'embrasser. Faisons la paix. (Il l'attire à lui et tente de l'embrasser.)
(Elle le repousse et tourne la tête.) *Je n'ai pas envie de t'approcher en ce moment. Je ne suis pas d'humeur à te caresser.*	
	Mais laisse-moi te caresser, alors !
Je ne suis pas plus d'humeur à me laisser caresser. Je vais prendre un taxi. (Noémie part.)	
	(Julien se retourne vers le formateur.) *Aide-moi. Tu vois bien. Je suis catastrophé. Noémie va me jeter, c'est évident.*

Écoute-la. Que te dit-elle ?

	Elle me reproche de m'être mal conduit devant nos amis. Disons que c'est vrai. Elle dit qu'elle n'est pas disposée aux caresses. Elle me demande de la laisser tranquille. Elle part. Je ne la reverrai peut-être plus !

Que veux-tu faire dans cette situation ?

Noémie	**Julien**
	La reconquérir. La revoir au moins pour lui parler. (Julien arrive à la maison après s'être arrêté prendre un verre dans un bar.)
(Noémie est déjà arrivée.)	

Que fais-tu alors ?

Noémie	**Julien**
	Je la laisse tranquille. Je n'ose pas lui parler. Je crains d'aggraver mon cas. Mais je suis tout retourné ; je suis à cran, comme je ne l'ai jamais été de toute ma vie.

Et ensuite, que fais-tu ?

Noémie	**Julien**
	J'essaie de faire la paix. (Julien essaie de l'enlacer.)
(Noémie le repousse avec colère et le gifle.)	
	Maudite folle ! Maratre ! (S'adressant au formateur.) *Pourtant j'essayais de faire la paix.*

Avant de faire la paix, Julien, tu dois d'abord régler et peut-être réparer ce que tu as fait et qui lui a fortement déplu. Noémie, tu l'as giflé. C'est un geste fort. Que signifie-t-il ?

Noémie	**Julien**
J'étais effrayée moi-même de l'agressivité que j'éprouvais envers lui. Je me rendais compte que j'étais vraiment heurtée. (Noémie se retourne et pleure.) *Tout est fichu maintenant entre nous !*	

Si tu veux essayer, nous verrons ce que tu peux faire.

Noémie	**Julien**
(Noémie se calme.)	

Noémie	Julien

Que ressens-tu maintenant ?

Je suis déboussolée. Je ne sais où aller. Mais je ne veux pas perdre Julien.

Et toi, Julien, que ressens-tu ?

Je m'en veux de m'être comporté ainsi. Je crois qu'elle me déteste, maintenant. Je crains que mon cas ne soit foutu.

Je comprends. Mais si Noémie est si furieuse, ce n'est sans doute pas uniquement à cause de ta façon de jouer au tennis ou même de tes manières brusques devant vos amis. Écoute-la. Laisse-la te dire tout ce qu'elle a sur le cœur.

D'accord. Je vais la fermer un peu. L'écoute, ce n'est pas mon fort. Je l'aime, vous savez.

Je te déteste ! Je te déteste !
(Se retournant vers le formateur :)
Je suis surprise de la force de mon agressivité envers lui, la personne que j'aime.

Peux-tu lui expliquer un peu ce que tu vis.

Fiche-moi la paix !

(Julien s'apprête à dire quelque chose.)

Écoute-la encore un moment. Laisse-la parler !

(Pendant une dizaine de minutes, Noémie vide son sac. Elle lui reproche d'abord de ne pas savoir vivre en société. Puis elle lui exprime à quel point elle était mal à l'aise devant leurs amis quand il est sorti sans dire un mot. Puis elle se retourne vers le formateur :)
Pourtant je l'aime vraiment, vous savez.

Noémie | **Julien**

Ah bon !

(Elle rougit.)
Julien est un homme merveilleux, charmant. Je ne peux supporter de le voir faire l'idiot.

Tu parles du match de tennis ou de ce qu'il fait chez vous ?

Oh ! Ce qu'il fait sur le court n'a pas grande importance. S'il se comporte en gamin, c'est sans doute mauvais pour sa réputation auprès de nos amis. Mais ce qui m'importe à moi, c'est sa façon de se comporter avec les enfants ; ça je ne peux plus le supporter !

Dis-le-lui. Il est disposé à t'écouter.

Tu ne tiens pas compte de ce que les enfants ressentent. Tu les rabaisses, tu les critiques sans cesse. Et eux ils t'aiment quand même ! Mais maintenant ils commencent à avoir peur de toi. Et je ne veux pas que mes enfants aient peur de mon mari !

Avez-vous déjà abordé ce sujet ?

(Elle semble remuée.)
Hélas non ! On ne peut pas en discuter avec Julien. Il s'emporte. Il me traite de « mégère », de « marâtre ». Il crie et passe la porte... Comme au tennis.

Parle-lui. Il veut t'écouter. Il a compris certaines choses.

Noémie	**Julien**
Tu cries sur les enfants et tu sais combien cela m'affecte. Je fais ce que je peux pour me dominer. Mais je suis désespérée. Je veux vivre avec toi, mais vivre mieux que nous ne vivons maintenant.	

Que lui demandes-tu ? Que lui proposes-tu au juste ?

Cela ne peut continuer ainsi. Si je ne croyais pas qu'il peut changer, donner le meilleur de lui-même, je ne pourrais plus l'aimer.	

Dis-le-lui.

Julien, je veux vivre avec toi encore longtemps. Mais certaines choses doivent changer.	

Julien, comprends-tu que, par ses appelons-les « critiques », ses insatisfactions, Noémie t'exprime qu'elle tient à toi ? Elle ne se donnerait pas la peine de t'en parler si elle ne t'aimait pas.

	Oui, je vois. Une fois passée la volée de bois vert qu'elle m'a lancée, je comprends qu'elle le fait pour notre bien à tous deux.

Après une confrontation d'une heure, Noémie et Julien se sont réconciliés, les larmes aux yeux. Ayant exprimé franchement leurs insatisfactions et négocié des façons constructives d'améliorer ces situations, ils pouvaient réellement « faire la paix ».

CHRISTIANE ET FABIEN
Révision de leur relation

Nous voulons chacun l'autre dans notre vie, mais pas nécessairement au même degré.

Nous avons besoin d'un niveau de liberté, de solitude variable de l'un à l'autre. Nous sommes à l'aise avec des échelons de distance, d'engagement différents. Nous avons chacun notre rythme de rapprochement-éloignement-retour ensemble. Nous avons des intérêts individuels et des envies relationnelles.

Composer avec nos préférences fusionnelles et indépendantistes reste un sujet délicat, pour lequel nous pouvons facilement nous sentir seuls, démunis.

Cependant, nous devons absolument en parler franchement si nous voulons faire le même voyage dans la même barque.

Christiane	**Fabien**
(Christiane rentre chez elle, trouve la porte déverrouillée, s'inquiète, se remémore son départ au travail le matin, est certaine d'avoir verrouillé, entre furtivement.) *AH ! QU'EST-CE QUE TU FAIS ICI ?*	
	Comme tu vois, je cuisine. Je nous prépare un bon petit repas. Je me suis dit que tu serais fatiguée en rentrant et que tu serais bien aise de trouver la table mise, le repas prêt, les fleurs. Il y a juste les chandelles, je ne les ai pas trouvées. Où les ranges-tu ?
MAIS COMMENT ES-TU ENTRÉ ?	

Christiane	**Fabien**
	Avec la clé, la clé que tu m'as donnée il y a dix jours.
Ah ! Mais, qu'est-ce qui te prend de débarquer chez moi ainsi à l'improviste sans m'avertir ni rien ?	
	Mais je viens de te le dire : je voulais te faire une surprise. Tu as eu une longue journée et une longue semaine de travail, avec des heures supplémentaires, pour te donner un peu de détente, je te prépare…
Mais ça ne marche pas comme ça. Moi, je pensais arriver seule chez moi, me faire couler un bain chaud…	
	Pas de problème, je te fais couler un bain chaud tout de suite, si c'est ce dont tu as besoin maintenant…
Non, non et non. Laisse-moi m'occuper de mes affaires. Je suis ici chez moi, je mène ma vie comme je l'entends. Et si je veux me promener toute nue…	
	C'est bien ! J'admirerai !
Sois sérieux un moment. Je ne blague pas. Je veux garder pour moi mon territoire personnel.	
	Mais, chérie, tu m'as donné la clé de ton appartement et je t'ai donné la clé de ma maison. Comme je t'ai dit : « Tu es chez toi ici. Tu viens comme tu veux, quand tu veux. »

Christiane	**Fabien**
Et moi, je t'ai dit : « Voici la clé de mon appartement. De cette façon, si j'arrive un peu en retard, tu pourras entrer sans te faire tremper sous la pluie. » Je ne t'ai pas dit que tu étais chez toi ici. Je tiens plus à mon intimité que toi.	
	J'ai terminé la négociation plus tôt que prévu et je suis revenu en fin d'après-midi plutôt que demain.
Justement, tu devais entrer dans ma vie demain, pas aujourd'hui. Aujourd'hui j'ai besoin d'être seule.	
	Tu n'es pas contente de me revoir ? Ne devions-nous pas passer le week-end ensemble ?
Ne mêle pas les choses. Je peux aimer te revoir, sans nécessairement que ce soit aujourd'hui. *Ah ! Tu ne peux pas savoir comme tout cela me secoue. Ça remet en cause tant de choses entre nous.*	
	Mais, chérie, ça fait plus d'un an que nous nous connaissons. J'aime tout de toi. Je t'aime à la folie. Je te l'ai dit : je veux t'épouser.
Et qu'est-ce que je t'ai répondu quand tu m'as parlé de m'épouser ?	
	Tu m'as répondu en boutade : « Tu as été marié deux fois. Tu n'as donc pas retenu la leçon ? »

Christiane	**Fabien**
Ce n'était pas une boutade, c'était ma réponse. Moi aussi, j'ai été mariée deux fois. Et je ne veux plus refaire un couple fusionnel.	
	Quel genre de couple veux-tu, alors ?
Un couple évolutif : tant qu'on évolue ensemble, on est ensemble. Quand on n'évolue pas, on doit reprendre chacun son chemin.	
	Quand je disais « épouser », je ne pensais pas nécessairement à un document signé au palais de justice, mais sûrement à, comment dire… je voudrais faire ma vie avec toi !
Pour moi, c'est trop. Tu me donnes la responsabilité de ton bonheur et je ne veux pas prendre cet engagement.	
	Mais, ma chérie, je ne te demande pas d'assumer la responsabilité de me rendre heureux.
Non ? Mais, je me rappelle bien ton air sombre et malheureux quand je dansais avec d'autres hommes !	
	J'étais déçu, fortement déçu, non pas que tu danses avec d'autres hommes, mais que tu ne danses pas avec moi.
Moi, quand je danse, c'est pour mon plaisir et je danse avec qui je veux, comme je veux.	
	Et moi, je fais quoi là-dedans ?

Christiane	**Fabien**
Tu vois, tu en deviens tout malheureux ! Je ne veux pas vivre ça !	
	Si je danse mal, dis-le-moi. Si tu ne veux pas que je te colle, dis-le-moi. Je veux simplement savoir à quoi m'en tenir.
Tu mélanges tout. Je n'ai pas à te donner d'explications. J'ai déjà dansé avec toi.	
	Je m'en souviens. J'en rêve encore.
Quand j'ai envie de danser avec toi, je danse avec toi. Quand j'ai envie de danser avec d'autres, je veux pouvoir danser avec d'autres sans que tu te sentes malheureux. Tu vois ? C'est là que c'est trop.	
	Bon, je comprends, je peux m'adapter, j'ai besoin de savoir, pour comprendre où on va.
Et quand je veux rentrer chez moi et me retrouver seule, c'est ce dont j'ai besoin. Et je ne veux pas que tu empiètes sur ma vie individuelle.	
	Et donc, que je ne vienne pas te faire une surprise comme aujourd'hui. Ça va. J'ai compris. Il suffit de nous en parler. Tu me diras quand je peux venir te voir et je m'y tiendrai. Pour moi c'est clair. Tu peux débarquer chez moi quand tu veux. Je serai toujours content de te voir.

Christiane	**Fabien**
Hélas, mon cher ami, ce n'est pas une question de négocier quand on peut ou on ne peut pas arriver chez l'autre. En couple, ce n'est pas la négociation, ce n'est pas comme les relations de travail, ton domaine de carrière.	
	On peut quand même s'en parler.
Non, je suis désolée. Moi, je suis intuitive. J'ai saisi quelque chose dans ta vision du couple que je n'accepte pas. Nous allons devoir réviser nos rencontres.	
	Tu veux dire ?
Je veux que nous cessions de nous voir pendant un mois pour réfléchir chacun de son côté.	
	Ta réflexion me semble passablement arrêtée.
Pour que je puisse prendre l'air, passer du temps seule, revoir mes amis, que je ne vois plus beaucoup.	
	Bon ! Puisque c'est ce que tu veux ! L'homme propose, la femme dispose !
Ne fais pas de blague avec tes proverbes.	
	Je ne fais pas de blague. Je t'ai proposé la personne que je suis Tu as eu un an pour me connaître, et comment dire... je n'ai pas décroché le rôle !

Christiane	**Fabien**
Si le rôle que tu voulais décrocher c'est d'être mon mari, ce n'est pas ce que je cherche. Je ne veux pas d'un mari. Je veux d'un homme dans ma vie, mais à une certaine distance, assez pour puisse respirer.	
	Donc, je m'en vais ?
Mais non, ne fais pas l'idiot. Laisse-moi une demi-heure : je prends mon bain chaud. Après nous mangerons ensemble, nous regarderons un bon film…	
	Et alors… Et alors ?
Bien, je crois que j'ai besoin de dormir toute seule. Tu dormiras dans la chambre d'amis.	
	Je ne dormirais pas, te savoir de l'autre côté du mur, nue et délicieuse. J'irai coucher chez moi. Dans un mois, tu me rappelleras. Tu me diras quand tu auras assez respiré.
Tu peux m'appeler aussi, pendant ce temps. Nous ne sommes pas des étrangers. Je suis encore ton amie.	
	Ton amie, je comprends.

MARILYN ET JONATHAN
Adaptation de deux manières d'aimer

L'amour change avec ses saisons.

Vouloir « Revenir comme avant, nous étions si heureux ! » risque de nous rendre encore plus malheureux.

Chacun change, et aimer l'autre, c'est l'aimer comme il est présentement.

Bien sûr, nous pouvons nous être éloignés, mal à l'aise face à nos propres transformations et à celles de l'autre.

Nous pouvons nous demander « Comment raviver la flamme ? », et la réponse commence par « Pour raviver la flamme tels que nous sommes maintenant... ».

Les saisons reviennent dans la vie d'un couple, comme dans la nature, et bien des choses ont changé : l'arbre a grandi et fait plus d'ombre, nos corps se transforment et se manifestent autrement !

Après trois ans de vie commune, Jonathan se sent désorienté, parce que Marilyn ne se comporte plus comme aux premiers jours de leur amour.

Marilyn	**Jonathan**
	Quand moi je veux faire l'amour, je ne peux pas. Il faut que je fasse l'amour quand toi, tu le veux.
Ça te surprend ? Les femmes, on est faites comme ça. Pour faire l'amour, on doit être prêtes.	
	Toujours la même réponse ! Nous en avons déjà discuté tant de fois ! Ma tête ne peut plus le supporter !
Tu as raison. Nous n'avons plus rien de neuf à nous dire. J'en ai assez de tes plaintes répétées sur le même ton.	

Marilyn | **Jonathan**

Jonathan : *Je te le répète pour la centième fois ! Je dois toujours faire les premiers pas, quitte à encaisser un refus la plupart du temps.*
Tu étais tellement affectueuse, les deux premières années de notre vie ensemble ! Tu ne t'approches plus jamais de moi.

Marilyn : *Je le fais rarement, c'est vrai. Pour moi, c'est difficile de faire le premier pas. Mais je réponds toujours à tes approches.*

Que ressentez-vous, l'un face à l'autre, en ce moment ?

Jonathan : *Je suis complètement découragé. C'est l'impasse totale.* (Long silence.)

Marilyn : *Je ne te comprends pas. Nous avons une belle relation : nous sommes heureux, en général. Mais tu es toujours mécontent de tout : de moi, des enfants, de ton travail ! Évidemment, j'étais affectueuse avant notre mariage. Je me sentais séduisante. Je te voulais comme mari, et c'est encore vrai.*
Mais toi aussi tu étais très différent de l'homme que tu es devenu. Tu étais motivé, énergique, déterminé. Maintenant tu as perdu de ta fougue… et de ton charme… si je puis dire.

Jonathan : *J'étais enthousiaste parce que tu m'aimais ! Ça donnait un sens à ma vie que tu m'aimes !*

Marilyn | **Jonathan**

Il me semble que vous chantez tous les deux la chanson « Que reste-t-il de nos amours ? Que reste-t-il de ces beaux jours ? ». Vous arrivez à une autre étape de votre vie de couple. Vous vous adaptez à une nouvelle réalité. Vous vivez une crise d'adaptation.

Mais nous ne vivons pas de crise ! Quelle terrible manière de dire les choses !

Disons que vous traversez une période de changement, que la réalité vous rattrape !

Le mot « crise » me paraît exagéré ! Notre couple ne va pas si mal, n'est-ce pas, mon chéri ?

Jacques veut dire qu'il faut que quelque chose change, je crois.

Quand je dis « crise », je veux dire « déséquilibre », « adaptation », « transition », « changement ». Vous vous adaptez à vos propres changements. La période romantique terminée, nous découvrons que l'autre n'est pas parfait, que la vie n'est pas tout le temps un jardin de roses. Comme votre relation vous tient à cœur, vous voulez sans doute vous entendre sur comment vous rapprocher, vous comprendre. La question est de savoir où vous voulez aller maintenant. Que voulez-vous vous apporter l'un à l'autre ?

Mais je ne peux tout de même pas me donner chaque fois que tu le désires ! Tu sais comment je suis. Maintenant, si cela ne te convient pas... (Elle tremble.)

Cela te contrarie quand Jonathan se plaint sur le mode « Je dois faire l'amour quand elle le veut bien » ?

Évidemment ! Il me fait passer pour une mégère ! Je ne peux quand même pas me mouler sur ses goûts !

Marilyn	Jonathan
Jonathan, dis-moi franchement, aimerais-tu que je fasse semblant, juste pour te faire plaisir ?	
	Tu pourrais tout de même essayer un petit peu de me plaire !
J'ai déjà essayé ça ! Mais je me sens alors encore plus tendue. Je ne veux pas recommencer ça.	
	Tu ne ferais pas un petit quelque chose pour me faire plaisir ? C'est donc moi le seul à devoir changer ?
Évidemment, mon ourson, que je voudrais toujours te faire plaisir. Mais si je me sens toute tendue quand je me force pour te plaire, je crois que je ne suis alors pas un cadeau pour toi. Nous sommes peut-être trop différents !	

Votre relation devient plus authentique, il me semble. Vous reconnaissez ouvertement vos différences et vous vous demandez comment composer avec l'autre personne, telle qu'elle est vraiment. Répondre à la question « Comment reconnaître, respecter, apprécier l'autre tel qu'il est ? » vous rapproche : vous vous posez la même question.

MARINE ET JOËL

Tentative de se rejoindre sur le chemin de la vie

Marine	Joël
Je trouve que nous nous éloignons l'un de l'autre depuis un certain temps.	
	Qu'est-ce qui te fait dire ça ?
Par exemple, je n'ai plus aucune envie d'aller au chalet.	
	Mais tu as toujours aimé ça !
Plus maintenant. Pour moi, avant, c'était l'aventure de défricher un terrain et de nous installer. Et maintenant, après vingt ans d'allers-retours tous les week-ends, c'est devenu tout simplement une lutte contre les moustiques, les rongeurs et des rénovations continuelles. Les enfants ne viennent plus ; nous sommes tout seuls au fond des bois. Je n'y trouve aucun plaisir. J'ai besoin de me reposer.	
	Tu m'en vois tout étonné. C'est un scoop !

LAURENCE ET PHILIPPE
Faire face à l'infidélité

Le sujet ultime de différend : « Tu en aimes un(e) autre ! » « Il (elle) aime l'autre plus que moi ? »

Mettre toute l'attention sur la troisième personne stimule la constitution d'un triangle amoureux. L'intrus(e) devient alors la vedette dans la vie du couple.

Nous devons revenir à nous deux, toi et moi. Quelle vie voulons-nous vivre ensemble ?

Le besoin d'exclusivité est légitime dans un couple. Les limites et le contour de cette prérogative restent à définir ensemble, en donnant des exemples concrets et précis que nous pouvons accepter.

Si nous ignorons nos propres signaux de frustration et même de détresse, si nous acceptons ce qu'au fond de nous-mêmes nous sentons inacceptable, nous perdons l'estime de nous-mêmes et nous nous faisons complices de la conduite de l'autre.

Un effort important sera nécessaire pour revenir à soi, clarifier ce qui passe et ce qui ne passe pas, l'affirmer à l'autre… avec le risque de le perdre… s'il ne veut pas s'engager au point de nous rendre heureux.

Laurence	**Philippe**
Le sexe, c'est ma bête noire. Je ne fais pas partie des femmes pour qui ça vient facilement.	

Que ressens-tu face à vos relations sexuelles ?

Oh ! Je cherche simplement à faire plaisir à mon mari.	

En somme, tu fais ton « devoir conjugal » ?

Pas vraiment : j'aime lui faire plaisir, même si pour moi le plaisir reste rare.	

Laurence	Philippe

En avez-vous parlé tous les deux ?

Il le sait bien, il a beaucoup d'expérience dans ce domaine ! Il le voit, je ne parviens pas à me concentrer. Pour moi, il faut que les enfants dorment, que je sois en grande forme...

Préfères-tu rester frustrée ou en parler avec Philippe ?

En parler, bien sûr. C'est pour apprendre ça que je viens ici.

Tu vois ce qui t'a amenée là ?

Je faisais ça par amour ! Je faisais ça pour garder mon mari !

Attention ! Ce n'est pas vraiment une preuve d'amour que de donner à son mari une femme frustrée !

Je ferais tout pour le garder. Je suis attachée à ma famille : tout ce que je lui demande, c'est d'être un bon père pour nos enfants.
Et toi tu sais bien que tu peux faire ce que tu veux hors de la maison.

Je n'ai jamais pensé cela ! Je ne te critique pas, je t'aime.

Il y a collusion ici. Tu es complice de son infidélité, ma chère. Et toi tu la dévalorises de trois façons : tu la trompes et la prives d'une partie de toi, tu le lui laisses savoir et lui démontres qu'elle n'est pas une femme satisfaisante, tu le laisses savoir aux gens autour de vous et ils concluront que tu n'as pas une vraie bonne épouse !

Vas-y, amuse-toi avec les jeunes modèles que tu photographies, mais ne le fais pas à mes dépens !

Laurence	Philippe
	Je ne comprends plus rien ! Tu as reçu mes maîtresses ; tu t'es même liée d'amitié avec certaines d'entre elles !
Il le fallait bien, si je voulais te garder ! Tu es comme ça, un coureur de jupons ! Je ne peux pas te changer. Alors je t'attends à la maison.	
	Mais ne te diminue pas comme ça. Tu es une belle femme, et bien des hommes voudraient de toi, et pas seulement pour faire l'amour !
Tu dis ça pour me faire plaisir, pour m'amadouer.	
	Mais comment peux-tu manquer de confiance en toi à ce point !

Philippe, je vais t'expliquer : que penses-tu qu'une femme ressent quand son mari a besoin d'autres femmes pour être comblé ?

Laurence	Philippe
Écoute-le ! Lui, il me comprend.	
	Je pensais vraiment que tu tolérais mes escapades.
Je ne te le reproche pas. Moi aussi, je croyais que j'acceptais ça. Mais au fond de moi, je me sentais flouée. Maintenant je m'en rends compte et je te le dis.	
	Tu ne m'aimes pas tel que je suis !
Non, je ne t'aime pas tel que tu es. J'aime l'homme que j'ai idéalisé pendant des années.	

Laurence	Philippe
Non, je ne t'aime pas tel que tu es. J'aime l'homme que j'ai idéalisé pendant des années. Maintenant, c'est à prendre ou à laisser : ou bien tu m'aimes et tu es heureux avec moi, ou bien tu as besoin d'autres femmes pour être heureux ; alors va t'en trouver une autre.	
	Attends, ne pars pas. Je...
Je ne pars pas. J'attends ta réponse.	
	Ma réponse est claire : je reste ici ; c'est toi que je veux. Tu es la seule que j'aie jamais voulue. Et je t'aimerais encore plus joyeuse !
Si tu restes, je reste.	

Ils s'enlacent, se serrent, s'embrassent, leurs larmes coulant à flots. Toutes les personnes dans la pièce laissent couler leurs larmes généreusement. Bientôt, tous forment un cercle serré autour du couple dans une accolade de groupe.

SUSANA ET ALAIN

Première rencontre : Désaccord sur les valeurs à transmettre aux enfants

Plus important que le sujet dont nous discutons, c'est la façon dont nous en discutons.

Une décision imposée blesse encore plus que la décision elle-même.

Quand nous parlons de l'autre à des tiers – par exemple, quand la mère parle du père à ses enfants –, nous donnons notre avis sur l'autre, explicitement ou par sous-entendus.

Laisser traîner un sous-entendu peut être pire que de dévaloriser l'autre, car plane alors un doute sur ses intentions.

Faire intervenir l'avis d'une personne extérieure est aussi fort risqué : cette personne deviendrait-elle tout à coup plus importante que le conjoint même ?

Les règles n'ont de valeur que si elles sont acceptées par les deux conjoints, qui veulent les appliquer de bon cœur.

Et la pire chose que nous pouvons apprendre, c'est que l'autre a peur de nous, car l'amour se fonde sur la confiance.

Autant d'écueils que ces conjoints ont à éviter pour cheminer à nouveau ensemble.

Susana	Alain
	Nous n'étions pas d'accord pour aller visiter avec nos enfants une exposition que ma femme trouve trop violente, au point où je l'ai frappée. Devant l'impasse de cette situation nous sommes allés à la police. Ils ont dit qu'ils ne pouvaient rien faire puisqu'il n'y avait aucun acte criminel ni illégal.

Susana | **Alain**

Alain : *Ils nous ont incités à respecter chacun le point de vue de l'autre et nous ont recommandé de faire appel à la médiation.*

Susana : *Je n'ai pas voulu porter plainte contre mon mari parce que je l'aime. D'ailleurs nous allions voir les policiers plutôt pour obtenir de l'aide que pour régler une question légale.*

Alain : *Je travaille sur un barrage en construction dans le Nord. Je suis absent de la maison pendant de longs moments, parfois jusqu'à vingt et un jours. Pendant que je suis absent, Susana assume l'éducation des enfants avec ses règles. Mais quand j'arrive, ça change. Comme je n'ai pas vu les enfants depuis longtemps, je veux jouer avec eux, regarder une émission de télévision, etc., et je crois que l'heure des devoirs peut attendre.*

Susana : *Jouer, je veux bien. Mais cette émission que tu regardes avec eux les rendra violents, comme elle t'a rendu violent toi-même puisque tu la regardes depuis que tu as 10 ans. Cette émission est remplie de violence et c'est pour ça aussi que je n'ai pas voulu aller voir avec eux l'exposition qui traitait de l'histoire de cette émission.*

Susana | **Alain**

Alain : *Mais ce sont les enfants eux-mêmes qui demandent à la regarder. Et tu n'y vois que de la violence, mais c'est une illustration de la vie. Il y a des bons et des méchants, il y a de l'amour. Et ce sont toujours les bons qui gagnent. Je crois que c'est une bonne leçon de vie. Je crois que je connais cette série mieux que toi et que tu devrais me laisser juger de sa valeur éducative. D'ailleurs, l'exposition n'est pas violente : elle montre les costumes, les décors, les effets spéciaux ; on y raconte comment l'auteur a eu cette idée, comment cette série s'est répandue à travers le monde.*

Susana : *Tu ne vois pas la violence là où il y en a. Comme tu es insensiblement devenu violent en regardant cette émission, tu ne vois pas les messages violents qu'elle contient.*

Alain : *De plus, ce que je n'ai pas aimé, c'est que tu as parlé dans mon dos. Devant moi, tu n'as rien dit et tu es montée dans la voiture. Mais pendant que j'étais parti, tu as dit aux enfants que tu ne voulais pas qu'ils aillent voir cette exposition. Alors ils ne savent plus s'ils doivent écouter leur père ou leur mère. Tu ne m'en as rien dit.*

Susana | **Alain**

Susana : Si je ne t'ai rien dit, c'est que j'avais peur de ta réaction. J'ai souvent peur de toi !

Nous avons ici deux problèmes sérieux dans la relation. Susana, tu dis que tu as peur d'Alain, qui dit qu'il est fâché que tu parles aux enfants sans qu'il le sache. Votre relation ne peut vraiment fonctionner que s'il y a confiance et transparence. Parlons-en pour parvenir à une meilleure entente sur le sujet du jour. Comment pourriez-vous fonctionner pour mieux vous entendre ?

Susana : Je ne sais plus quoi faire ; c'est pour ça que nous avons appelé à l'aide.

Alain : Je ne vois pas comment changer cela ; ça se produit à mon insu.

Vous ne voyez pas ? Eh bien, Alain, si je comprends bien comment ça s'est passé, tu as décidé, unilatéralement, d'aller voir cette exposition en famille. Tu aurais avantage à demander l'avis de Susana. Et toi, Susana, tu gagnerais à dire ton avis, comme une égale dans votre couple, sans nécessairement attendre qu'Alain te le demande chaque fois. Il peut croire que tu es d'accord si tu ne dis rien. Si j'analyse bien le commentaire de Susana, s'il y a peur, c'est qu'il y a domination et peut-être menace. S'il y a crainte, c'est qu'il y a supériorité ou pouvoir. Si tu permets une observation, Alain, souvent tu parles ou tu réponds comme un grand cerveau. Tu fais une grande analyse rationnelle. Et alors Susana, moi ou les autres nous demandons comment tu vis, comment tu te situes face à la situation, face à elle. Quand tu apprends que Susana a peur de toi, que vis-tu au-dedans de toi ?

Alain : Oh ! Je n'aime pas ça. Je me sens mal à l'aise. Je suis triste, déçu.

Veux-tu le lui dire directement ?

Alain : *Susana, je suis très désolé d'apprendre que tu as peur de moi.*

Susana : (Les yeux mouillés.) *Alain, je sais que tu n'es pas méchant. Mais je crains qu'il y ait une violence au fond de toi. Et ces émissions violentes nourrissent cette bête en toi.*

Susana, peux-tu parler plus de ta peur à Alain ?

Susana : *Eh bien ! Parfois, souvent peut-être, pour ne pas avoir à discuter, à argumenter, je préfère ne rien dire, me replier, rester dans ma coquille.*

Ainsi, j'ai dit aux enfants que je ne voulais pas qu'ils aillent à cette exposition. Si je commence à remettre en question une activité que tu veux faire ou un autre plan que tu as, je reçois un discours interminable, qui me soûle pendant des heures parfois. Ça m'épuise.

Je n'ai pas ta facilité pour argumenter comme les députés qu'on voit à la télévision se re lancer la balle sans arrêt. Alors je cède ou je sors jardiner.

Alain : *Mais si nous abordons une question nous devons la vider. Nous devons aller jusqu'au bout, parvenir à une conclusion.*

Susana : *Et alors tu me questionnes, question sur question. Je me retrouve coincée, pressée. Ça m'épuise et je cède à tout ce que tu dis.*

Susana | **Alain**

Alain, je crois avoir observé cela ici dans votre conversation. Si tu permets, je te fais une comparaison : ton questionnement me fait penser à un avocat qui, au tribunal, questionne un témoin pour lui faire avouer quelque chose et établir sa culpabilité. Est-ce ainsi, Susana ?

Susana : *Oui, Alain. Je me sens comme un animal coincé par tes questions. Et de question en question le piège se referme sur moi. Alors j'ai peur et je fais n'importe quoi pour me sauver.*

Alain : *Mais oui, tu t'emportes, tu cites les Écritures, tu veux m'amener à l'église ; j'y suis allé une fois et ce n'est pas pour moi. Tu me dis que je dois obéir à ton pasteur ; ce n'est pas lui qui viendra me dire quoi faire dans ma maison. Et tu parles à une vitesse telle, tu roules les yeux au ciel comme si j'étais un cas désespéré !*
Évidemment, je ne peux pas placer un mot tant que ton sermon n'est pas fini ! Alors, je laisse tomber. Je retourne à mes émissions ou autres projets.

Susana : *Jacques, dis-moi, je fais des sermons, moi ?*

Eh bien, depuis que je suis arrivé, j'ai entendu au moins deux sermons, assez longs et assez… insistants. Tu dis que cela n'est pas bien, que toi tu le sais, que toi tu l'as vu ; tu conclus qu'Alain est violent jusqu'au fond de son être parce qu'il a regardé telle émission dans sa jeunesse.

Susana	**Alain**

Tu jettes l'anathème sur lui, tu veux défendre les enfants contre son influence malsaine. Ça fait beaucoup à entendre. Je me mets à sa place, je trouverais ça difficile, comme mode de discussion.

Susana : *Alain, est-ce comme il l'explique ?*

Alain : *Eh bien oui, c'est à peu près ça.*

Écoutez, si nous mettons le doigt sur des modes de communication inefficaces, ce n'est pas pour nous accabler l'un l'autre ou nous morfondre dans le malheur. C'est pour trouver une meilleure manière de fonctionner, de vivre ensemble. Voici quelques pistes que je vous propose, vous pourriez vous en faire des règles pour mieux communiquer.

Alain, dans la mécanique, la comptabilité, la planification, être rationnel est nécessaire. Dans les relations personnelles, l'émotion est tout aussi importante que la raison ; il y a là un équilibre à conserver. Quand, par exemple, Susana dit qu'elle a peur de toi… le plus important est de savoir ce que tu ressens face à ce qu'elle ressent. Nous en avons parlé tout à l'heure.

Et puis soumettre l'autre à un interrogatoire est une façon de prendre le contrôle de la conversation et de coincer l'autre pour gagner notre cause.

Et toi, Susana, tu fais de l'émotivité pour deux. Parfois tu t'exclames, t'effondres ou te tais sans qu'Alain sache pourquoi.

Si tu ne veux pas vivre dans la peur, tu gagnerais à t'affirmer face à Alain d'égale à égal, dire ton point de vue, discuter, faire valoir tes arguments, t'expliquer, t'exprimer.

Et puis, dire ce que tu veux sans faire intervenir les Écritures ou le pasteur comme arguments massues. Simplement dire ce que tu ressens, ce que tu préfères, ce que tu désires.

Pour ainsi devenir sa compagne qui parle avec Alain quand ça va bien et aussi quand vous avez des malentendus ou des différends.

Susana | **Alain**

Je me rappelle, le policier a dit de nous respecter l'un l'autre avec nos différences. J'ai retenu ça.

**Je résume.
Vous discutez en expliquant à l'autre chacun votre point de vue.
Vous exprimez franchement ce que vous ressentez.
Chacun parle de soi, sans dire à l'autre ses erreurs et sans lui faire de reproches.
Vous gardez vos échanges plutôt courts, en prenant la parole chacun votre tour assez souvent.
Vous cessez de discuter quand vous voyez que vous vous enlisez dans une dispute stérile. Par exemple, Susana, quand tu as l'impression qu'Alain te cuisine avec ses innombrables questions, tu lui dis « Prenons une pause, je n'avance plus. Reprenons cette discussion à un autre moment, quand la tension aura baissé ».
Ou encore toi, Alain, quand tu as l'impression que Susana te soûle avec ses sermons interminables, tu lui dis aussi « Prenons une pause, etc. ».
Que diriez-vous d'appliquer ces quelques règles jusqu'à notre prochaine rencontre ?**

Je peux voir la différence avec notre façon habituelle de communiquer, C'est toute une formation !

*Arrêter quand on ne va nulle part, c'est très clair pour moi que ça vaudrait mieux.
M'exprimer quand je ne suis pas d'accord, c'est nouveau pour moi. Je devrai travailler dur !*

**Nous parlons depuis plusieurs heures déjà. Je crois que nous avons découvert plusieurs angles à arrondir.
Vous appliquez ça et nous nous reparlons dans une semaine ou deux ?**

D'accord. D'ailleurs il est l'heure.

... d'aller chercher les enfants, qui arrivent de l'école.

SUSANA ET ALAIN
Deuxième rencontre, une semaine plus tard : Émotions et raisons en discussion

« Donne un pain à quelqu'un et tu le nourris pour une journée. Montre-lui à faire du pain et tu le nourris pour la vie. »

Le rôle du médiateur, du conseiller en communication est non seulement d'aider les couples à trouver des solutions à leurs problèmes immédiats, mais surtout de souligner leurs tendances habituelles, de dévoiler ce que chacun ressent dans plusieurs interactions, de leur démontrer et recommander des façons plus efficaces de communiquer et de régler leurs différends.

En général, personne ne se rend compte des effets de ses interventions improductives, nocives ; chacun les apprend alors de la bouche même de son partenaire.

C'est souvent une révélation d'apprendre les effets de son style de communication sur l'autre.

Une fois ces effets connus, inutile de s'appesantir sur les malaises qu'il peut susciter. L'important reste d'initier dès maintenant des façons efficaces de communiquer… et de les appliquer ensuite dans la vie quotidienne.

Susana	Alain

Susana, tu gagnes à être moins émotionnelle et plus rationnelle et à exprimer ton point de vue plutôt que de faire un sermon.
Alain, tu gagnes à être moins rationnel et plus émotionnel et à exprimer ton point de vue plutôt que de poser des questions.

Alain : *Je dois dire pour commencer qu'après notre première rencontre nous avons eu le lendemain une discussion dans un climat tout à fait différent. J'ai vu un net progrès. N'est-ce pas, Susana ?*

Susana	**Alain**
Je ne suis pas prête à dire que nous avons fait de grands progrès. Mais c'était mieux, ça oui.	
	Mais ne trouves-tu pas que notre façon de parler alors était plus détendue ? Et que... Bon, je vois que je veux te faire dire ce que je pense en te posant des questions. Je vais arrêter ça. Disons que mon point de vue m'appartient. Et le tien t'appartient. C'est bien comme ça.
Ça va. Ça va. Ne te fâche pas pour ça.	
	Je ne me fâche pas ; je constate mon erreur et je la corrige... Bon, de quoi allons-nous parler aujourd'hui ?

D'une décision que vous avez à prendre ensemble. D'une situation sur laquelle vous avez besoin d'un certain accord.

	Bon ! Je m'excuse de revenir sur l'exposition à laquelle nous devions aller tous ensemble. Mais ça me taraude encore. Il vaudrait peut-être mieux prendre un autre sujet pour changer. Es-tu d'accord, Susana ?
Si tu veux. Tant que je ne me serai pas rangée à ton avis tu ne seras pas content. Alors parlons-en.	

Susana, tu dis que tu es d'accord pour en parler, mais ton commentaire sous-entend que tu n'as pas envie d'en parler. Acceptes-tu d'en parler par « soumission » ? Est-ce que tu « cèdes » devant Alain ?

Susana | **Alain**

Y vas-tu à contrecœur, comme tu allais à l'exposition malgré ton objection à y aller ?

Susana : *Eh bien oui, je me soumets. Je me soumets parce que je considère que c'est mon rôle de femme. Mon mari travaille dur. Il est souvent et longtemps parti. Je dois lui faire plaisir quand il revient à la maison.*

Regarde Alain et dis-lui ça.

Susana : *Alain, je crois que je dois me soumettre. Comme épouse je me soumets : je prépare des repas pour ton voyage, je m'occupe des enfants quand tu n'es pas là, je couche avec toi. C'est mon devoir de le faire.*

Alain : *Susana, j'apprécie les repas que tu me prépares. Je les mange avec appétit parce que c'est meilleur que ce qu'on sert dans les haltes routières. J'espère que tu le fais par plaisir aussi. Je n'aime pas penser que tu fais des choses pour te soumettre à moi. Je veux que tu sois heureuse avec moi comme je suis heureux avec toi.*

Susana : *Bon, d'accord. Toutes les choses que je viens de dire, je les fais avec plaisir. J'aime cuisiner pour toi et toutes les autres choses aussi. Mais l'autre jour, je n'ai pas dit que je ne voulais pas aller à cette exposition, et surtout que je ne voulais pas que mes enfants y aillent.*

Susana | **Alain**

Alain : *Justement ! Dans ce cas, tu me dis que tu es d'accord pour venir. Mais quand je ne suis pas là, tu dis aux enfants que c'est une mauvaise exposition, pleine de violence et que tu ne veux pas y aller.*

Susana : *Je leur ai demandé s'ils voulaient y aller et ils m'ont dit non.*

Alain : *Et moi je leur en ai parlé et ils ont dit oui.*

Évidemment, par loyauté envers leurs parents, si les enfants sentent que c'est primordial pour vous, ils vous disent à chacun ce que vous voulez entendre. À l'un ils disent oui et à l'autre ils disent non... pour vous faire plaisir... pour se soumettre ou pour avoir la paix !
En fait, vous ne savez pas s'ils veulent y aller ou non. Ce serait intéressant de le savoir.
En fait, ce serait intéressant qu'ils apprennent avec vous qu'ils peuvent ne pas être d'accord et que vous allez continuer de les aimer quand même.

Susana : *Ça, c'est comme l'aïkido, tu veux que notre fille en fasse mais elle ne veut pas.*

Alain : *Je lui ai expliqué que c'est elle qui devait choisir, et elle m'a dit que ça l'intéressait d'apprendre à en faire.*
Ça serait bon pour elle d'apprendre à repousser un adversaire.

Susana : *Tu ne le lui as pas expliqué, tu lui as fait une publicité, une vente forcée pour qu'elle achète ton idée d'aïkido.*
Moi, je crois que c'est un autre moyen de devenir encore plus violent. Tu veux qu'elle devienne comme toi. Tu as beaucoup de violence en toi.

Susana	**Alain**
Susana, plutôt que de faire son diagnostic psychiatrique – tu n'es pas son psychiatre mais sa femme –, dis-lui plutôt ce que tu aimerais.	
Moi, je veux éduquer ma fille dans la gentillesse. Et elle sera tellement gentille que personne ne l'attaquera : voilà la vraie autodéfense. *Ce n'est pas en frappant les autres et en leur cassant les os qu'elle apprendra à se défendre.*	
	Bon ! Nous voilà dans la même impasse. Je me sens de plus en plus à l'étroit dans cette maison. *Tu ne veux pas que nous voyions tel film, pas visiter telle exposition, pas inviter certains amis de nos enfants parce qu'ils ne sont pas bien élevés, et nos enfants ne peuvent pas aller chez leurs amis pour la même raison, au cas où ils verraient là un film que tu n'approuves pas.* *Ça devient étouffant à la fin !*
Moi, je veux élever mes enfants, nos enfants avec de bonnes valeurs.	
	Moi aussi, je veux leur donner de bonnes valeurs. Et je veux aussi qu'ils soient capables de faire face à ce que le monde leur présente, capables de se faire un jugement sur ce qu'ils voient, ce qu'ils entendent.
Je crois qu'ils sont trop jeunes pour ça.	

Susana | **Alain**

Susana : *Quand ils auront 18 ans, ils prendront leurs propres décisions.*
Jusque-là c'est à nous, les parents, de prendre les décisions.

Alain : *Bon, nouvelle impasse. Qu'en pensez-vous, Jacques ?*

Susana : *Oui, nous voulons votre avis sur ce sujet.*
Vous connaissez le développement des enfants.

Premièrement, comme nous l'avons vu, les enfants nous disent franchement ce qu'ils pensent ou disent ce que nous voulons entendre selon la liberté que nous leur accordons d'avoir leurs propres points de vue.
Par exemple, vous aurez fait un progrès quand vos enfants pourront vous dire franchement s'ils veulent aller à cette exposition ou si votre fille veut apprendre l'aïkido.
Deuxièmement, les enfants communiquent de la même façon que vous : ils sont clairs avec vous si vous dites franchement ce que vous pensez et ressentez, si l'un et l'autre vous pouvez exprimer franchement vos désaccords et trouver une façon conviviale de vivre avec vos différences.

Alain : *Ça, ça veut dire que tu ne parles pas dans mon dos aux enfants.*
Et pendant que j'étais parti tu as dit aux enfants que je voulais me séparer de toi.

Susana : *Ce n'est pas ce que j'ai dit. D'abord, suite à notre querelle violente dans la voiture, les enfants m'ont demandé si nous allions nous séparer. Je leur ai dit que moi, je ne me séparerais pas de toi, que je suis mariée avec toi pour la vie. Mais que je ne sais pas, que toi peut-être tu veux te séparer de moi.*

Susana | **Alain**

Alain : *Mais c'est affreux. Tu leur parles comme si je ne t'aimais pas, comme si tu ne savais pas que je t'aime.*
Susana, regarde-moi dans les yeux : moi, je t'aime.
J'aime vivre avec toi. Même si nous avons des différends, je t'aime. Je ne pense pas à une séparation.

Susana : *Mais ce n'est pas ce que j'ai dit aux enfants…*

Susana, n'argumente pas, nous ne sommes pas au tribunal. Entends ce qu'Alain te dit. Cette règle est bonne pour toi aussi, Alain. Chacun parle pour soi et dit franchement ce qu'il vit. Vos enfants apprendront ainsi à exprimer eux-mêmes leur propre point de vue et à respecter celui des autres.

Susana : *J'ai de la difficulté à te croire, parce que je vois de la fureur dans tes yeux.*
Ce n'est pas ce que j'ai dit.
Je ne comprends pas pourquoi tu te fâches ainsi.

Alain : *Je ne suis pas fâché, je suis déçu, très déçu.*

Susana : *Je ne comprends pas.*

Je vais tenter de t'expliquer.

Susana : *Mais je ne parle pas dans ton dos aux enfants !*

Si j'étais Alain je serais très contrarié aussi. Tu ne dis pas qu'il veut la séparation, mais tu sous-entends qu'il pourrait vouloir s'en aller, que tu ne sais pas. Il ne reste plus aux enfants à penser que toi tu aimes Alain et que tu veux vivre avec lui mais que lui, Alain, ne semble pas vouloir la même chose.

Susana : *Vous croyez vraiment !*

Susana | **Alain**

Je vais te le dire autrement :
Susana, parle pour toi, donne ton point de vue.
Ne parle pas pour Alain. Ne transmets pas à ta façon
ce que tu imagines qu'il pense ou qu'il ressent.

Au lieu de faire de la soumission, faire de l'expression.

C'est ça !

Au lieu de faire de l'argumentation, faire de l'expression !

C'est ça !

Le temps file et nous n'avons pas de solution à notre problème d'exposition. J'aimerais que vous nous proposiez une solution.!

D'abord, les façons de discuter franchement de vos désaccords que nous avons appris ici, comme exprimer son point de vue plutôt qu'interroger l'autre ou lui faire des sermons, dire franchement si ça nous convient ou pas, parler pour soi et laisser l'autre parler pour soi-même restent les bases pour discuter de sujets sur lesquels vous n'êtes pas d'accord.
Ensuite, en matière de solutions, en voici quelques-unes.
Il y a les activités communes à toute la famille, où tous devraient donner leur accord pour y participer.
Puis, il y a les activités de couple où vous avez avantage à faire ensemble celles qui vous conviennent à tous les deux.
Puis, il y a les activités que chaque parent fait avec les enfants, et aussi les activités que chaque parent fait avec chaque enfant, car il est bénéfique que le père et la mère ait des activités particulières avec leur fille et leur garçon : ces activités sont décidées par les personnes qui les font.

Susana | **Alain**

Dans la ligne d'une suggestion faite ici aujourd'hui, il y a aussi les activités à essayer, à expérimenter. Par exemple : je ne sais pas si j'aimerais cette activité avec toi mais je peux bien l'essayer une fois ou deux pour voir si j'y prends goût. Enfin, les activités destinées à la famille, que les parents essaient pour les évaluer avant de les proposer aux enfants : visionner un film ou au moins la bande-annonce avant de voir ce film en famille. Vous verrez plus clair si vous déterminez d'abord s'il s'agit d'une activité commune à décider ensemble, d'une activité du père avec un enfant ou de la mère avec tous les enfants, etc.

Je vois. Mais nous devrons tout de même en discuter entre nous.

Évidemment.

Nous sommes un peu mieux outillés pour en discuter.

Le couple nouveau

Ce livre peut changer votre vie

Comme moi sans doute, vous avez appris à craindre la confrontation, à éviter les différends, à camoufler les insatisfactions. L'observation des couples épanouis nous montre qu'ils expriment avec autant d'aisance leurs frustrations que leurs appréciations, leur irritation que leur tendresse.

Changer nos images

Notre premier pas consiste donc à remplacer dans notre imaginaire les images des « petits couples toujours dociles l'un devant l'autre » par des images réelles de « couples évolués s'affirmant l'un face à l'autre ». Auprès des premiers nous ressentons un malaise, comme si nous étions devant des acteurs jouant un film romantique. Près des seconds nous nous sentons en confiance puisque chacun parle franchement à l'autre et qu'ainsi ils font vraiment équipe ensemble. Ils se tiennent main dans la main, en la serrant fort dans les moments de tempête, en la caressant doucement dans les moments de tendresse. Voilà à quoi s'est appliquée la première partie de ce livre.

Changer nos façons d'agir

Ancrés dans nos habitudes, souvent héritées de notre famille et de notre entourage, nous pouvons trouver exigeant de changer en situations de conflit. Voilà pourquoi je vous ai proposé des jeux pour mieux se connaitre, des exercices pour mieux communiquer, des activités pour explorer de nouvelles façons d'entrer en relation. La pratique régulière de ces jeux à la fois agréables et formateurs vous permettra d'ajouter progressivement de nouvelles façons de réagir dans des situations déterminantes pour la santé de votre couple. Comme dans l'apprentissage d'un sport, au début ces nouvelles façons vous sembleront gauches. Et avec l'usage ces nouveaux comportements deviendront aisés, « naturels ». Voilà ce que visait la deuxième partie de cet ouvrage.

Élargir nos horizons

En voyant et en écoutant comment d'autres couples, qui vivent des situations semblables aux nôtres, règlent leurs différends en abordant directement et amicalement des sujets délicats et essentiels, nous découvrons des attitudes constructives que nous pouvons adopter. Nous entrevoyons aussi des solutions concrètes que nous pouvons appliquer à nos propres situations. Nous envisageons ainsi que nous pouvons réussir. Tel est l'objet de la troisième partie de ce livre.

Je vous encourage à oser adopter ces attitudes constructives et à utiliser ces comportements efficaces. Ainsi mon écriture et votre lecture de cet ouvrage auront produit quelques bonnes actions !

Donner suite

Vous venez de comprendre comment procéder pour améliorer votre relation de couple.

Vous pouvez améliorer vos façons d'agir concrètement en participant à nos formations en groupes de couples ou en consultation de couple.

Pour ce faire, consultez notre site : *Developpement-humain.com.*

APPRENDRE À SE CONFRONTER

Notre méthode

Nous n'offrons pas de solutions.

Nous enseignons une méthode éprouvée.
Nous proposons des exercices concrets et des règles pratiques.

Les participants :

Expérimentent des techniques efficaces.
Développent des attitudes constructives.
Les appliquent à leurs propres situations.
Les adaptent à leurs personnalités.

Ils apprennent à :

Exprimer leurs satisfactions et à trouver des façons de les multiplier.
Exprimer leurs insatisfactions et à trouver des moyens de les éliminer.
Se parler franchement.
S'exprimer dans le respect de soi-même et de l'autre.
Réussir les changements essentiels pour évoluer ensemble.
Ils apprennent à :
Exprimer leurs satisfactions et à trouver des façons de les multiplier.
Exprimer leurs insatisfactions et à trouver des moyens de les éliminer.
Se parler franchement.
S'exprimer dans le respect de soi-même et de l'autre.
Réussir les changements essentiels pour évoluer ensemble.

Notre méthode cultive :

La communication.

La coopération.

L'évolution.

Nous rencontrons les gens :

Seuls.

En couple.

En groupe de couples.

Un groupe :

Réunit quatre à huit couples.

Pendant trois ou quatre heures.

Durant dix à quinze semaines.

Une rencontre comprend :

Des jeux et des exercices pour mieux se connaître.

Des partages d'expériences vécues : réussites et défis.

Des démonstrations faites par les formateurs.

Des confrontations réelles guidées par les formateurs.

Les couples :

Vivent de véritables sentiments.

Apprennent les uns des autres.

S'entraident.

Les participants reçoivent des observations et des suggestions :

D'eux-mêmes (parfois grâce aux vidéos
où ils se voient et s'entendent).

Des formateurs.

Des autres participants.

Les participants constatent :

En quoi ils ressemblent aux autres.

En quoi ils diffèrent des autres.

Nous obtenons des résultats positifs de couples :

De tous âges, de toutes orientations, de toutes origines.

De tous niveaux intellectuels et sociaux.

Nous formons des thérapeutes et des conseillers à nos méthodes.

Également aux Éditions Jouvence

Sous la couette

Sexualité, voie de l'extase

OSHO

Alors que bien des livres sur la sexualité parlent de techniques ou de pratiques ludiques et érotiques ***Sous la couette*** vous ouvre des horizons insoupçonnés sur les dimensions psychologiques et spirituelles du sexe et de la sexualité.
Osho nous montre comment nous pouvons, en acceptant et célébrant le sexe et la sexualité comme un cadeau de la nature nous ouvrir de nouveaux horizons vers plus de conscience et de joies.

22,40€ • 384 pages

Dépôt légal : janvier 2018

Achevé d'imprimer en Bulgarie en décembre 2017.